松本俊彦 編

MATSUMOTO Toshihiko

「死にたい」に現場で向き合う

自殺予防の最前線

日本評論社

はじめに

本書は、二〇一六年に定期刊行誌『こころの科学』の特別企画として世に出されたものを、五年の月日を経て書籍化し、改めて刊行するものだ。

なぜ五年前の企画をいまさら書籍化するのか――本書を手に取られた方のなかには、その点を訝しく感じる人もいるだろう。

そこで、まずそのあたりの事情をここで説明しておきたい。


わが国では、一九九八年に自殺者総数が突如として三万人を超え、その高止まり状態が一四年間も続く未曾有の事態を迎えた。そうしたなかで、二〇〇六年には自殺対策基本法が制定され、国を挙げた自殺対策の取り組みが展開されてきた。そして二〇一九年には、自殺者総数は二万人を割り込むところまで減少した。

しかし、このことをもって自殺対策の成功と手放しで喜ぶべきなのかどうか。少なくとも筆者はいささか疑わしく思っている。というのも、この自殺者総数の減少は主に中高年男性の自殺が減少したことによるもので、実は、若年者と女性の自殺はそれほど減少していないからだ。事実、一〇代の自殺は、近年、確実に増加傾向を示している。

こうした課題を明るみに出したのが、二〇二〇年初頭より世界を襲ったコロナ禍だった——少なくとも筆者にはそう思えてならないのだ。すでに周知のように、同年四月に出された最初の緊急事態宣言から三、四ヵ月を経過したあたりから、若者、それもとりわけ女性の自殺が増加の兆しを見せ始めているが、それはなぜなのか？　一部の識者は、相次ぐ芸能人の自殺が広く報道された影響と指摘しているが、本当にそれだけなのだろうか？

筆者はこう考えている。

コロナ禍は、人と人とのあいだを不織布やアクリル板で物理的に隔てるだけでなく、人と人との「こころのつながり」まで分断した可能性がある。さまざまな自粛生活は、人々を学校や職場から遠ざけ、友人や恋人とリアルにふれあう機会を奪った。もちろん、オンラインでならば簡単に会える時代になってはいる。しかし、微妙に視線が合わないディスプレイ越しのやりとりでは、相手の真意を測りかね、かえって気疲れやさみしさが募ることもある。

そもそも、自粛生活を推奨するキャッチコピー、〝Stay home〟自体、無邪気すぎる楽観性に支えられた言葉だ。というのも、世の中には、感染拡大防止のために退避する〝house〟が、必ずしも安心してくつろげる〝home〟とは限らない、という人たちが確実に存在するからだ。そのような人にとっては、家族以外との「3密」や、「不要不急の外出」こそが命綱、という場合だってあろう。

ここで思い出すべきことがある。それは、一般に成人男性は社会との関係性で傷つき、「金とメンツ」を失って自殺を考えるが、女性や若者は親密な関係性のなかで傷つき、自殺を考える傾向があるという、自殺対策ではよく知られている通説だ。

要するに、このコロナ禍における自殺者の増加は、これまでの自殺対策で手つかずのまま積み残されていた課題を顕在化したものといえるかもしれないのだ。

なるほど、自殺対策基本法成立以降、国や自治体、あるいは民間団体を中心にさまざまな取り組みがなされてきた結果、対面、電話、メールやSNS等を介したさまざまな相談窓口が整備された。そして、地域や職域、そして学校において、「相談しましょう」「SOSを出しましょう」といった啓発が広く展開されてきた。

しかし、それらの相談窓口は、「houseにあってhomeがない人」がSOSを出せる場所、安心して「死にたい」と言える場所になっているだろうか？　そうした勇気を失望に変えることのない場所となっているだろうか？　そして、そうした窓口の支援者は、悩める人の「死にたい」という必死の告白に動揺することなく、その言葉の底にある、「死にたいほどつらいが、そのつらさが少しでもやわらぐならば本当は生きたい」という思いを汲み取り、その重苦しい面接に耐える胆力――「タイマン力」と呼ぼう――を身につけているだろうか？

残念ながら、それについてはいささか心許ない。

思えば、五年前当時、自殺対策にかかわっていた筆者は、そのことに危機感を覚え、この特別企画を立案したのだった。その後、筆者はある事情――それについては機会を改めて釈明するつもりだ――から自殺対策の仕事を離れ、もっぱら薬物依存症にかかわる仕事に没頭してきた。

しかし、五年の月日を経た今日、事態はまったく好転していない。いや、それどころか、このコロナ禍にあって、積み残された課題はいっそう顕在化しているとはいえまいか？

そう考えたことが書籍化の背景だ。

この特別企画は、自殺対策の最前線に身を置き、日々、悩める人の「死にたい」という必死の告白と対峙してきた支援者の方々にご寄稿いただいたものである。いま再読してみても、それぞれの緊迫感ある文章は珠玉の臨床知にあふれている。その知こそが、心理学の理論をいくら勉強しても体得できない試合勘のようなもの、すなわち「タイマン力」なのだ。

さらに今回、書籍化にあたって、在野の立場で自殺を考える人たちと至近距離でかかわりつつ、自殺対策のありようを冷静にウォッチしてきたお二人をお招きし、豪華な対談企画を追加した。この対談は、これからのわが国の自殺対策が進むべき方向を考えるうえできわめて重要な意義をもつことと確信している。

最後になったが、書籍化にご同意いただいた執筆者のみなさま、対談にご協力いただいた髙橋聡美さんと渋井哲也さん、そして書籍化に尽力してくださった日本評論社の木谷陽平さんに、この場を借りて深謝申し上げたい。

本書が、自殺対策にかかわるすべての支援者のタイマン力向上に資することを、こころより祈念している。

二〇二一年一月

編者　松本俊彦

1
総論：「死にたい」の理解と対応

松本俊彦
Matsumoto Toshihiko
国立精神・神経医療研究センター精神保健研究所／精神医学

はじめに――「死にたい」は自殺の危険因子

最初に断言しておきたい。「『死ぬ、死ぬ』と言う奴に限って死なない」という通説は迷信以外の何ものでもない。ケスラーら[3]の大規模疫学調査は、自殺念慮を抱いた者の三四％は具体的な自殺の計画を立てており、自殺の計画を立てた者の七二％は実際に自殺企図におよんでいたことを明らかにしている。つまり、自殺念慮を抱いたことのある者の二五％が実際に自殺企図におよんだ経験があったわけである。そしていうまでもなく、この二五％という割合は一般人口における自殺企図の経験率とは比較にならないほど高い数字だ。この事実だけでも、「死にたい」という発言や考えが、将来における自殺リスクと密接に関連していることがわかるであろう。

とはいえ、精神科臨床の現場では、それとは矛盾する事態としばしば遭遇する。たとえば、診察のたびに執拗に自殺念慮を訴えながらも、結局死ぬことなく、何年間も外来通院を続けている患者がいる。その一方で、自殺念慮をひと言も漏らさないまま、「青天の霹靂」のように自殺既遂に至ってしまう患者がいる。

これはどういうことであろうか？　おそらく前者の患者の場合、患者の「死にたい」との訴えが援助者の注意を喚起することで、奇跡的に、それこそ「首の皮一枚」で踏みとどまっていると考えるべきだろう。一方、後者の場合は、決して自殺念慮がなかったわけではなく、語られなかったために、援助者がそれに気づくことができず、自殺へと至ってしまったのだ。いいかえれば、臨床場面において防ぎ得なかった自殺の多くは、援助者がその人の「隠された自殺念慮」に気づかなかったことによって生じている。したがって、自殺予防という観点からは、なによりもまず、悩める人が胸に押し隠している自殺念慮に気づく必要がある——少なくとも筆者はそう考えている。

本書における総論として、この章では、この「死にたい」という言葉をどう捉え、どう向き合ったらよいのかについて、基本的な考え方を整理しておきたい。

どうすれば「死にたい」に気づけるのか

「隠された自殺念慮に気づく」と言葉でいうのは簡単だが、これはなかなか容易ではない。残念ながら、隠された自殺念慮を同定できるような医学的検査など存在しないし、今後、どれだけ医学が進歩しても永遠に不可能であろう。これまでも、そしてこれからも、自殺念慮に気づくには、「直接本人に問いかける」以外に手はないのだ。

しかし、それにもかかわらず、援助者はしばしばその問いかけをしそびれる。多くの場合、それは無意識的なプロセスだ。おそらく私たちのこころのどこかに、自殺という重苦しい話題を避け、患者が抱えている困難を「大丈夫、たいしたことじゃない」と過小視したい気持ちがあるのだろう。

実際、筆者自身にも思い当たる経験がある。もう一〇年以上昔の話、自殺したある男性患者を最後に診察したときのことだ。そのとき、筆者はうまく言語化できないものの、ある種の違和感のような感触を覚えたのだった。というのも、この数年、渋面しか見せなかった患者が、その日に限って不思議となにか悟ったような、吹っ切れた表情をしていたからだ。突然の変化に、筆者は少しだけ胸騒ぎを覚えた。脳裏に「自殺？」という考えが一瞬だけよぎったのも、はっきりと記憶している。しかし筆者は、「まさか」とすぐさまその考えを打ち消し、「次回も気になったら質問しよう」とみずからにいいきかせて診察を終えた。なにしろ、その日は自殺に関する話題を持ち出すのは唐突な気がしたし、「今日くらい、彼を笑顔のまま帰したい」と思った――いや、そうではない。正直にいおう。自分が重苦しい話を避けたかったのだ。

彼がみずから命を絶ったのは、それからわずか二日後のことだった。いまでも私は、「あのとき質問していれば……」と後悔の念に苛まれることがある。もちろん、たとえ彼の自殺念慮に気づいたところで、その背景にある現実的な困難を解決することはできなかったかもしれないが、少なくとも次の診察日には生きた彼を来院させることができた気がする。単なる時間稼ぎ、一時的な延命に過ぎなかったかもしれない。しかしそれでも、ほんのささいな障壁が人の運命を一八〇度変えることだってある。

たとえば、サンフランシスコのゴールデンゲートブリッジから飛び降りようとしているところを警察官によって強制的に退去させられた人たちの追跡調査の結果は、そのよい例かもしれない。その調査によれば、強制的に退去させられた者は、巨大橋梁からの飛び降りというきわめて致死性の高い手段による自殺を決行寸前までいったにもかかわらず、その約九割は七年後にも生存していたというのだ[6]。ちなみに、彼らは決して精神科病院に連れて行かれたわけではない。ただ、パトカーで自宅に送り届けられただけだった。

繰り返しになるが、自殺念慮に気づくには質問するしかない。援助者のなかには、自殺念慮に関する質問をすることで、「かえって患者の『背中を押す』ことになるのではないか」「もっと精神状態を不安定にするのではないか」と恐れる者もいる。しかし、聞いたからといって患者が自殺しやすくなることを明らかにした研究はいまのところ一つもなく、専門家は口をそろえて「質問しなければならない」と強調している。それどころか、その質問が意思疎通の通路を開く契機となる場合もある。チャイルズとストローザル[2]は、「(自殺について質問されることで)むしろ患者は安心することが多い。質問されることによって、これまで必死に秘密にしてきたことや個人的な恥や屈辱の体験に終止符が打たれる」と指摘している。

「死にたい」にどう向き合ったらよいのか

自殺念慮について質問することの意義をこれほど唱えてもなお、躊躇する援助者もいる。躊躇する理由は、「質問に対して『死にたい』と回答された場合、どうしたらよいのかわからないから」というものである。

たしかに一理ある。それでは、「死にたい」という告白にどう対応したらよいのだろうか。思いつくままに、筆者なりの心構えや対応の原則を、以下に列挙してみたい。

1 ― 誰でもよいわけではない

患者は誰彼かまわずに自殺念慮を告白するわけではなく、「この人ならば理解してくれるかもしれない」という相手を選んで告白している。その意味で、「患者から自殺念慮の訴えをされることが少ない」という援助者は、自分の日頃の臨床態度を反省する必要があるかもしれない。

2 ― 告白には勇気がいる

援助者の多くが経験しているはずだが、自殺念慮の告白は面接の終了間際、あるいは、私たち援助者の就業時間の終わり間近や、これから帰宅しようとするタイミングでなされる傾向がある。こうした性質ゆえに、援助者のなかには、自殺念慮の訴えがある種の悪意や操作的な意図から行われているのではないかと疑う者もいる。

しかし実際には、患者はずっと以前からそのことを伝えようとしながらも躊躇することを繰り返しているのだ。最終的には、「もうあと少ししか時間がない」という状況に追いつめられてやっと告白に至る、というパターンこそむしろあたりまえと覚悟したほうがいい。おそらく「死にたい」と誰かに告白するのには、それこそ「清水の舞台から飛び降りる」ような勇気が必要なのだろう。

3 ─ 告白は称賛に値する

援助者の質問に対して、あるいは患者から自発的に「死にたい」という言葉が出てきた場合には、訴えを軽視しないで真剣に向き合い、共感と支持、思いやり、そして支援を約束する姿勢が伝わるべきだ。

自殺を考えるに至った原因は何であれ、患者はみずからが現在置かれている状況を恥じていたり、人に告白してもまともに向き合ってもらえないのではないかと思い込んでいたりする。したがって、まずは正直に自殺念慮を告白してくれたことを称賛し、「自分の気持ちを正直に語ることはよいことである」というメッセージを伝えるべきだろう。

4 ─「自殺はいけない」はいけない

安易な励ましをしたり、やみくもな前進を唱えたりすべきではない。「遺された人はどうするのだ」「家族の身になってみろ」「死んではいけない」という叱責や批判、あるいは強引な説得も好ましいものではない。「自殺はいけない」と決めつけられた時点で、患者はもはや正直に自殺念慮を語ることができなくなる。そうなった場合、援助者は自殺のリスク評価が困難となり、再企図を防ぐことは覚束なくなるであろう。

また、自分の信念や哲学、人生観、生命観、思想、信仰にもとづいて、「いかに自殺がいけないことか」を説いたり、患者とのあいだで「自殺は良いことか、悪いことか」を議論したりするのもよくない。こういったかかわり方は、効果がないばかりか、有害ですらある。たとえ自殺の是非について長時間にわたって議論し、最終的に患者を論破したとしても、患者は決して「気持ちを受けとめてもらった」という感覚を抱かない。

自殺を告白する患者には、「死にたい」と「生きたい」という矛盾する二つの考えがあり、両者はたえず動揺し交代しているが、そうした心理状態にある者を強引に説得すると、相手はかえって意固地になってしまう危険がある。その結果、ますます自殺を肯定し、気持ちが死へと傾いてしまう危険性がある。これでは完全に逆効果だ。援助者としての正しい態度は、「自殺の是非は誰にもわからない」という中立的なものであり、それでいながら、「しかし、いま現在幸せな人は『死にたい』などと考えない」という認識であろう。

5―「聴くこと」と「質問すること」

自殺念慮の告白に対して、援助者がすべき対応はさしあたって二つである。一つは、「聴くこと」である。患者の主張がたとえ論理的に妥当なものではないとしても、ひとまず相手の言い分に耳を傾けることが重要である。その際、相手の発言のなかで重要と思われる言葉を繰り返す、あるいは、援助者が「つまり、あなたは○○の問題で困っているのですね?」と問題を明確化する必要がある。

もう一つは、「質問すること」である。「あなたを死にたいと考えさせるに至った原因について、もう少し具体的にお話しいただけますか?」といった質問によって、自殺念慮の背景にある問題――

健康問題や家庭問題、あるいは経済・生活問題など――を明らかにする必要がある。私たち援助者がすべきことは、自殺の是非を哲学的、倫理学的もしくは道徳的に判断することではない。あくまでも自殺念慮の背景にある問題を同定し、その解決に向けたマネジメントを考えることなのだ。

こうした作業を続けながら、一方で、少し視点を変えて、「それほどの困難や苦痛を抱えながらも、なぜこの人はこれまで死なずにすんだのか」と考えてみる。これは、自殺の危険因子に拮抗する「保護的因子」を同定する作業であり、その作業から得られた情報は、本人に自殺行動を思いとどまらせる際の材料としての価値もある。

いずれにしても、「死にたい」という告白を前にして援助者がすべきなのは、「聴くこと」と「質問すること」であり、決して自分の信念を「伝えること」ではない。

6―自殺念慮者の心性に配慮したかかわりを！

自殺念慮を抱く者の心理は両価的である。[7] つまり、「死にたい」という訴えの背景には、「助けを求める気持ち」と「助かりたくない気持ち」とが同時に存在しているのである。前者ゆえに、その言動は時に演技的、操作的なものに見えてしまい、援助者の陰性感情を引き起こす。その一方で、後者は、援助者の助言や指示に従わない挑戦的な態度として現れ、やはり援助者の陰性感情を刺激する。

いずれにしても、自殺念慮を抱く患者は、援助者にとって対応困難な患者であることが多い。患者に対する怒りや敵意が制御できなくなり、過度に感情的な態度をとってしまう援助者もいる。そうなると、患者が援助者にこころを閉ざし、結果的に自殺のリスク評価が困難となるばかりか、治療は中断され、患者の自殺リスクはいっそう高まってしまう。

いっそのこと、援助者はあらかじめ「自殺リスクの高い患者ほど、援助者に挑戦的な態度をとる傾向がある」と心得ておくべきなのかもしれない。考えてみれば、援助関係を破綻させ、それによってますます孤立を深めるとともに、みずからの自殺リスクまで高めてしまうその態度は、ある意味で自傷的といえるだろう。そして、援助者がそうした態度に感情的に反応するのは、いうまでもなく患者の自傷を手伝う行為となる。

さらにもう一つ伝えておきたい。自殺念慮を抱えている者は自尊心が低下し、無力感にとらわれているが、自己効力感が乏しく、みずからの無力さに打ちひしがれている者ほど、支配されることに過敏な傾向があるのだ。とくに自殺を考える者は、思うにまかせぬこの世界のなかで、自分がコントロールできるのは自分の命だけしかなくなっている。したがって、本人の意向を無視した強引な援助は、本人の強い抵抗を引き起こしやすく、援助関係は容易に「綱引き」のようなパワーゲームの様相を呈してしまいやすい。

7―「家族には言わないでください」という要請には

いま述べたことと矛盾するようだが、自殺念慮者や自殺未遂者の援助においては、守秘義務の原則は適用されないことも強調しておきたい。患者自身が「このことは家族には言わないでください」と訴えた場合にも、「あなたを守るためにそれが必要である」ことを粘り強く説明すべきである。もしも家族と連絡をとらないまま対応し、その後まもなく自殺既遂もしくは再企図となった場合の訴訟リスクは無視できない。

とはいえ、患者の意向を無視して家族に連絡をとることで、患者との治療関係が破綻するリスクもある。そこで、患者が家族への連絡を拒んだ際には、「もしもあなたの家族がこのことを知ったら、どんな反応を示すと思いますか?」と質問するとよい。その結果、患者が恐れているのは「自分が自殺を考えている」という事実を家族に知られることではなく、「その事実を知った家族の反応」——頭ごなしの叱責・説教、もしくは、本人の自殺念慮を否認・矮小化する態度——であることに気づかされる場合もある。

いずれにしても、一般的にいって「家族に連絡しないでください」と訴える患者ほど、家族への心理教育などの介入を要することが多い。

8 —「自殺しない約束」は有効なのか?

プライマリケア医向けの研修会では、自殺念慮を抱く患者や自殺未遂におよんだ患者との面接では「自殺しない約束」をするように推奨されることが少なくない。

しかし、こうした「自殺しない約束」の有効性を証明した研究は存在しない。むしろ近年、米国では、その有効性に関する何らのエビデンスもないにもかかわらず、あまりにもこの「契約」が臨床現場で過大評価され、時にはルーチン業務として実施されてきたことが問題視されつつあるという[8]。実際、ルーチン業務として、あたかも「流れ作業的」に行われる「自殺しない約束」には、たんにスタッフの不安を軽減する以上の効果はない。シア[8]によれば、この契約に同意した直後に自殺企図におよんだ患者は意外に多く、とくに強固な自殺意図をもつ患者の場合、表面的に同意することでその意図を隠し、かえって自殺を遂行しやすい状況を手に入れてしまうという。

その一方で、筆者自身、援助者とのこの約束のおかげで「自殺しないですんだ」とか「生き延びることができた」と語る患者と数多く遭遇してきたのも事実だ。結局のところ、この契約を生かすのも、そして殺すのも、「誰と約束するのか」という問題なのであろう。たとえば救命救急センターのスタッフのように、今後、二度と会う予定のない援助者との約束には意味がないが、継続的な援助関係のなかでこの契約がなされた場合には重要な意味をもつ。いいかえれば、この約束は必ず次回の面接予約とセットでなされるべきものということになる。

なお、この契約によって確認されるのは、患者が自殺の計画を諦めたかどうかではなく、「自殺したくなったら必ず連絡する」という援助者との治療同盟である。したがって、この約束を交わす際には、緊急時に対応できる精神科救急窓口や夜間相談窓口の連絡先を伝えておく必要があろう。

9 — 入院の功罪は？

自殺念慮が存在するだけでなく、具体的に自殺の計画を立てている場合には、再企図のリスクは切迫していると考えなければならない。患者の安全を物理的に確保するためには、非自発的な入院治療に踏み切らざるを得ない事態もある。

しかし、入院させたからといって安心はできない。チャイルズとストローザル[2]は、「精神科病院への入院が自殺を減らすというエビデンスはなく、自殺は、他のいかなる施設よりも、精神科病棟と刑務所で起きている」と述べている。実際、医療者や家族の安心のためだけの入院は、「物理的に行動を制限する」以上の意味はなく、非自発的入院という自己決定権の剥奪体験が、かえって退院直後の自殺を誘発する場合もある。

とはいえ、入院治療がまったく無駄ともいえない。たとえば、妄想などの精神医学的症状が直接に自殺念慮に関連している場合には、入院治療は危険因子を解決するうえで有効な方法である。また、入院によって患者の安全を確保したうえで、家族内葛藤の調整や福祉サービスの申請など、退院後の生活を見越したソーシャルワークを行うことは、危険因子を減らし保護的因子を増やすという意味で、自殺予防に資する介入といえるだろう。

「死にたい」という言葉が意味するもの

1 ―「死にたい」をめぐる両価性

自殺を考える者は両価的であり、その考えはたえず「助かりたい」と「助かりたくない」とのあいだを揺れている。

私たちが行った救命救急センターに入院した過量服薬患者を対象とした調査は、興味深い知見を明らかにしている。私たちは過量服薬患者を、「自殺の意図」から過量服薬した者（自殺群）と「自殺以外の意図」から過量服薬した者（非自殺群）とに分け、過量服薬直前の予告の有無を調べた。すると、予告は自殺群で顕著に多く、非自殺群には一人も該当者がいなかったのである[5][図表1-1]。

この結果は、「過量服薬の前に予告の連絡をしてくる患者は、周囲の関心を惹きたいだけで、本気で死のうとしていない」という通説を覆すものといえた。非自殺群には過量服薬前に予告した者が一人もいなかったのは、その多くが周囲の人間に何も期待していないことと関係があると考えられた。というのも、非自殺群の多くは、「感情的苦痛を誰にも頼らずに緩和する」という意図から過量服薬していたからである。

それでは、なぜ自殺群では過量服薬前に予告した者が多かったのだろうか？　おそらく自殺を考える人は「死にたい」のではなく、「自分が抱えている困難な問題を解決したい」のだ。しかし、現状ではなかなか建設的な解決策が見つからないから、仕方なく「死ぬしかない」と考えるわけだが、それでも考えは揺らぎ続けている。そして、「本当に死ぬしか解決策はないのか」と迷うなかで、一部の者は医療機関に自殺の予告をしてしまうのだ。

図表1-1｜自殺意図の有無による過量服薬前後の「予告」と「報告」の頻度に関する比較（文献5）

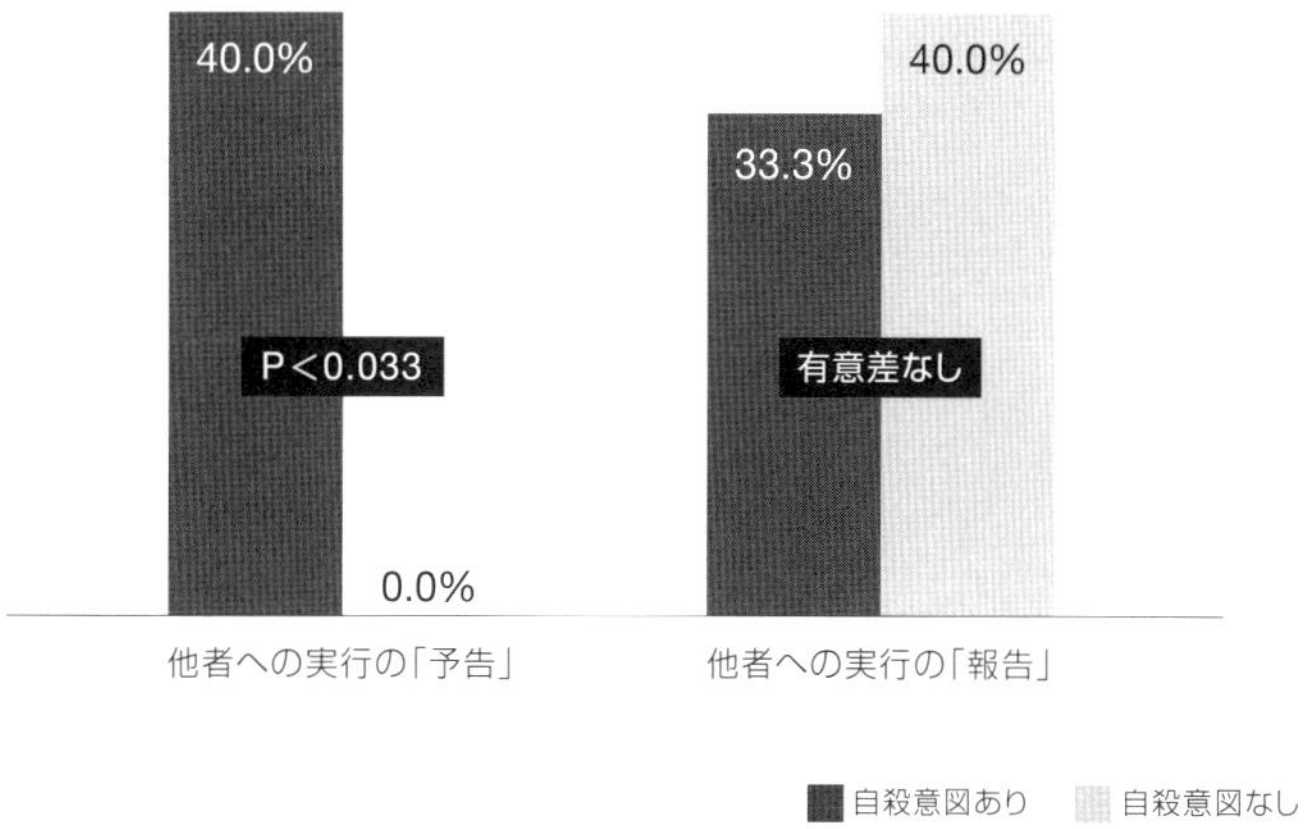

2 ― 自殺念慮が隠される理由

自殺念慮が深刻なものであればあるほど、そのアセスメントは困難をきわめる。フィンランドにおける心理学的剖検研究[4]では、自殺既遂者の多くが、自殺直前には周囲に自殺の意図を伝えていないことが指摘されている。実際には、周囲に自殺の考えを漏らすのは、それよりももう少し手前の時期、たとえば数週ないしは数ヵ月前のことが多いという。

こうした現象の背景には、自殺を強く決意した患者の心性として、精神科医や援助者を敵と見なす傾向が生じることが影響している[2]。たしかに、心理的視野狭窄に陥り、「耐えがたく、逃れられない苦痛から解放されるには自殺しかない」と確信した患者にとって、自殺を止めようとする援助者は、苦痛を長引かせ、楽にさせない張本人と映るであろう。だとすれば、切迫した自殺リスクに瀕した患者が援助者に対して致死的行動の計画を隠すのは、ある意味であたりまえだ。

　したがって、自殺を決意した患者のなかには、計画の露見を恐れて平生と変わらない態度を装ったり、ことさらに元気そうに振る舞ったりする者もいる。さらに皮肉なことに、自殺を決意した者のなかには、「この耐えがたい苦痛もあと少しで終わりだ」という意識から精神的に余裕が生じ、不思議と穏やかさや落ち着きを示す者もいる。

　こうなると、周囲が本人の切迫した自殺の危険に気づくのは至難の業となってしまう。だからこそ、みずから「死にたい」と話してくれた機会に真摯に向き合うことが大切なのだ。

おわりに——安心して「死にたい」といえる関係性

　繰り返しになるが、「死にたい」という言葉は矛盾に満ちている。安藤ら[1]は、救命救急センターに搬送された自殺未遂患者の退院一年後転帰を調べるなかで、偶然にも自殺念慮がもつパラドキシカルな性質を明らかにしている。自殺未遂患者の救命救急センター退院一年以内の再企図を予測する要因を検討したところ、導き出された再企図の危険因子の一つは、なんと入院中の精神医学的評価において「自殺念慮を否定したこと」であったのだ。

　この結果は、一見、「死にたい」と訴えない者は自殺リスクが高く、「死にたい」と訴える者は自殺リスクが低いことを示唆するかのように思える。しかし、それはあまりに皮相な解釈であって、おそらく真実はそんな単純ではない。自殺念慮を否定したにもかかわらず再企図におよんだ者は、「命を粗末にするな」「死んではいけない」と、背景にある困難を度外視して不道徳さを非難される事態を嫌って、堅くこころを閉ざしたのだ。

だから、こうまとめることができる。自殺予防のために必要なのは、「安心して『死にたい』といえる関係性」なのだ、と。たしかに「死にたい」という訴えを繰り返し聴くのは、お世辞にも心地よいものではない。あたかもコーナーに追いつめられ、パンチの連打を浴びて失神しかけたボクサーのような感覚に陥ることだってあるかもしれない。

しかし、「死にたい」と告げられた援助者に伝えたいことがある。「死にたい」という告白には、「死にたいほどつらいが、もしもそのつらさが少しでもやわらぐならば、本当は生きたい」という意味がある。つまり、あなたには十分勝算があるのだ。

文献

1 Ando, S., Matsumoto, T., Kanata, S. et al.: One-year follow up after admission to an emergency department for drug overdose in Japan. *Psychiatry Clin Neurosci* 67: 441-450, 2013.

2 Chiles, J.A., Strosahl, K.D.: *Clinical manual for assessment and treatment of suicidal patients*. American Psychiatric Publishing, 2005.（高橋祥友訳『自殺予防臨床マニュアル』星和書店、二〇〇八年）

3 Kessler, R.C., Borges, G., Walters, E.E.: Prevalence of and risk factors for lifetime suicide attempts in

the National Comorbidity Survey. *Arch Gen Psychiatry* 56: 617-626, 1999.

4 Lönnqvist, J.K., Henriksson, M.M., Isometsä, E.T. et al.: Mental disorders and suicide prevention. *Psychiatry Clin Neurosci* 49 (Suppl 1): S111-116, 1995.

5 松本俊彦、井出文子、銘苅美世「過量服薬は自殺と自傷のいずれなのか―自殺意図の有無による過量服薬患者の比較」『精神医学』五五巻、一〇七三-一〇八三頁、二〇一三年

6 Seiden, R.H.: Where are they now? A follow-up study of suicide attempters from the Golden Gate Bridge. *Suicide Life Threat Behav* 8: 203-216, 1978.

7 Shneidman, E.S.: *Definition of suicide*. Wiley, 1985.（白井徳満、白井幸子訳『自殺とは何か』誠信書房、一九九三年）

8 Shea, S.C.: *The practical art of suicide assessment: a guide for mental health professionals and substance abuse counselors*. Wiley, 2002.（松本俊彦監訳『自殺リスクの理解と対応―「死にたい」気持にどう向き合うか』金剛出版、二〇一二年）

2 地域における未遂者支援の現場から

奥田由子
Okuda Yoshiko
滋賀県大津市保健所／臨床心理学・精神保健福祉学

はじめに――行政と救急病院との連携で支援を開始

救急病院に搬送され、一命をとりとめた自殺未遂者は、身体的な処置が終わると、ほとんどのケースがそのまま帰宅してしまう。スタッフは再企図するのではないかと不安を感じても、忙しい救急現場ではそれ以上のケアは難しい。

こういった問題にアプローチするため、行政が救急病院と連携して未遂者を支援する事業が、全国的に数少ないとはいえ展開されてきた。滋賀県大津市保健所でも、二〇一三（平成二五）年から専任の相談員を配置する「いのちをつなぐ相談員派遣事業」を実施。入院・外来を問わず対象とし、県でなく市が設置した保健所である利点を生かして、初期介入で終わらずに、地域での継続支援に取り組んでいる。

「死ねなくて残念だった……」に寄り添う

「昨日、大量服薬で救急入院された方が意識回復し、支援を希望されています」

保健所の電話が鳴り、救急病院から、このような自殺未遂者への支援要請が入ると、担当者（専任相談員である筆者と地区担当保健師）は急いで病院に駆けつける。約四割は要請当日に面会している。

未遂者との最初の出会いの場は、救急病院でのベッドサイド。「支援を希望した」とはいえ、会ったとたん、「やっぱり、やめておきます」と言われることもある。未遂者の心情は複雑だ。

初対面で自殺企図について尋ねるには、工夫が求められる。担当者は自己紹介した後、お互いの緊張を緩和できるよう、さりげないイラストが入った初回面接用紙を用いながら話しかける。そして、「ご自分で書かれますか？　それとも、こちらがお聞きして記入したほうがよいでしょうか？」と尋ねることで、意思表示と選択の機会を作るようにしている。絶望感と無力感に追い詰められてきた未遂者が、支援を受けることでますます無力感を強めないよう、ささいなことにも配慮が必要だ。

この用紙の中に「命が助かったことについて、どう思われますか？」という問いがある。未遂者本人に「助かってよかったと思う／死ねなくて残念だった／どちらとも言えない」のどれかを選んでいただくのだが、およそ三人に一人は「死ねなくて残念だった」を選ぶ。服薬量が少ないなど、はた目には致死性が低く思われる手段であっても、未遂者本人は「消えてしまいたかった」と本気で思っていることもしばしばだ。彼・彼女たちは、用紙をじっと眺めて、「これからについて聞かせてください」という設問に対しても、「生きていこうという気持ちになれない」や「また自殺を図るかもしれない」に丸をつける。「それだけ、つらかったのですね……」と話しかけると、小さくうなずく。

未遂者は自殺を図るまでに、たくさんの挫折を抱えている。そのうえ、自分に可能な唯一の解決策と信じて実行した自殺企図すら成功しなかったのだから、「助かってよかった」と思えないほうが当然なのかもしれない。「勝手に助けられて、恨む」と言った方もいた。心配してくれる周囲や救命してくれたスタッフに対しては、このような本音は言いにくい。この気持ちに寄り添えるのは、病院の外からアウトリーチする立場の強みだと思う。

何とか支援関係をつなぎたい——孤立する人ほど再企図ハイリスク

ベッドサイドでほとんど会話ができなかった人には、「名刺だけでも、受けとっていただけませんか?」と語りかけ、名刺の裏に「一人で悩まず、声をかけてください」と目の前でメッセージを手書きして手渡し、次の機会につなぐ。貴重なチャンスを生かせるよう、その後、通常の名刺をやめ、二つ折りの名刺カードに変えた。メッセージを記入しやすく、親しみやすくなる工夫をした。

飲酒問題とDVで家族関係を悪化させ、絶望から自殺を図って救急入院した男性は、看護師に支援を勧められても拒否していた。悩んだ家族からの相談を受け、院内で緊急カンファレンスを開いてもらい、主治医に仲介してもらうことで、ようやく本人と出会えた。事業紹介のリーフレットは、未遂者に語りかけるメッセージに重点をおいてシンプルに構成してある。寡黙なこの方が、リーフレットを眺めて「良いことが書いてあるな……」とつぶやいてくれたときは、本当にほっとした。

本人から依頼があって病棟に出かけたのに、「会いたくないそうです」と看護師に言われ、門前払いになりかけたこともあった。「わかりました。ご挨拶だけでもさせていただきたいと伝えてもらえませんか?」と協力をお願いすると、何とか本人と会えることになった。相談員が自己紹介すると、いきなり悩みを長々と語りだすが、「家族で話し合って解決したい」と、今後のかかわりは拒否。ところが数日後、相談員を名指しで電話が入り、悩みを訴える。しかし、相談の継続は再び拒否される。このように、支援を求めることそのものに葛藤があり、二転三転と揺れ動く例も稀ではない。電話をかけても出ないため、留守番電話に季節の挨拶のような録音を残したり、短い手紙を書いたりして細々と「縁」をつなぎ続けた結果、ひょっこりと「相談したい」と電話をかけてきた方もあった。

こちらも揺れ動きながら、何とか苦心して関係をつなごうとするのはなぜだろうか? それは自殺完遂されてしまった苦い経験があるからだ。

支援を求めようとしない孤立した未遂者ほど、再企図ハイリスクである。あれこれと接点づくりに注意を払い、背景となる生活環境の調整に苦心しても、完遂を防ぎきれないことがある。SOSを出してもらえず、ひっそりと死を選んでいかれたと思うと、本当に心残りで、つらい。

人が「生きること」のすぐ隣に、紙一重で「自死」は存在する。生死を分けるのは、刃物で刺した場所が一センチずれていた、湖に飛び込んだのを見ていた釣り人がいた、などの幸運の他に、「ギリギリのところで助けを求めることができた」という要素が大きい。もともと、そうした結果、完遂に至らずに生き延びた人々と出会っているのだから、「せっかくできたご縁を大切にしたい。遠慮せずに相談してくださいね」とこころをこめて語りかけ、関係をつないでいきたい。

「相談してくれるのが、あなたの良いところ」――援助希求力を高める

たとえば「境界性パーソナリティ障害」など、訴えや行動化が多くて「周囲を巻き込む」「依存的」と支援者に敬遠されがちな人々がいるが、どうやって関係を途切れさせずにつなぐか苦労する立場からは、このような人々はむしろありがたい。

初回の出会いで、救急病院スタッフや通院中の精神科主治医、家族などへの不満を延々と訴え続けた方でも、ひたすら傾聴し、「相談してくれるのがあなたの良いところ、周囲とつながる大切な能力」「私への不満も遠慮せず、話してくれるほうがありがたい」と伝え、「今日はこれ以上の時間がとれなくてごめんなさいね」と次の面接を予約して終わる。自殺再企図場面に立ち会わされたこともあったが、「証人になってほしかった」という本人なりの意味づけを受けとめ、支援を求める力につながることを「それは大事なこと」と徹底的に肯定した。このようなかかわりを約一年半続けた結果、月一回の定期訪問が不要になり、頻繁だった電話もまったくかかってこなくなって、落ちついた生活を送っておられる。考えてみると「見捨てられ不安」に由来するしがみつきや攻撃的言動は、受容される安心感があってこそ緩和できるのだと、改めてこの方に教えられた思いである。

この事業を開始した当初は、問題解決のための社会資源へのつなぎ等のケースマネジメントやソーシャルワークを予想していた。もちろん、それは重要なのだが、約半数の人は精神科通院中であり、訪問サービスを含めて多くの支援者がすでにかかわりをもっている例も少なくない。こうした

場合、関係機関そのものを対象に、本人に対する見方やかかわり方を共有していくサポートが必要となる。未遂者の「援助希求力」をどう引き出し、育て、強化していくか？　とくに、支援者の抱くネガティブな感情がその妨げになっていないか？　といったことを一緒に振り返っていける関係こそが、再企図防止に有効な支援チームを作り上げるポイントだ。そのために、支援者自身の偏見や不安にも焦点をあてて作成した「相談対応の手引き[1]」を活用している。

「質の良いお節介」支援――トラウマを理解し、手を差し伸べる

支援が中断するケースが予想より多く、それを防ぐため、病院スタッフが最初に事業紹介のリーフレットを渡すときにじっくり傾聴して関係をつないでくださることが増えた。個別ケースで病院との連携を積み重ね、定期的に会議の場をもつことで、確実に未遂者への支援は手厚くなっている。

実は支援の対象は「未遂者」に限らず、「自損患者」すべてを視野に入れている。救急受診時は事故と思われていたが、後になって自殺企図だったと判明するケースもあるからだ。とくに自傷患者は自殺未遂と区別がつきにくかったりする。この点でも、病院スタッフの働きかけは本当に貴重だ。

関係をつなぐ努力を試行錯誤し、つくづく思う。なぜ、こんなにも助けを求めようとしないのだろう。他者に不信感をもち、自己を否定し、支援を求めようとしない人には、「相談があれば対応する」という支援モデルは無力である。私たちは、孤立に対し、そっと踏み込む「お節介」を手探りで

模索するしかない。そして、困難例の背景には、逆境的な生育歴やトラウマの問題がある[2]と気づく。

助けを求めない背景を理解し、心情を汲むこと。求められるのは「質の良いお節介」であり、相手のこころを傷つけない支援である。私たちは、つい「支援は善だ」と思いがちだ。しかし、トラウマの大きな影響の一つは、圧倒的な体験がもたらす無力感であり、支援関係は一歩間違えば、支援する側が強者として相手を弱者に固定化する危険な関係となる。そのことを忘れないためには、支援者自身が孤立したり、独りよがりになってはいけない。「心理的境界を侵さず踏み込む」という二律背反の絶妙なバランスをとるには、何よりも未遂者が生きてきた過酷な人生にリスペクトをもち、「お節介だったら、ごめんなさい」と気遣うこと、留守録や手紙などで心配していることを伝えて、諦めずに手を差し伸べ続けることが必要だろう。落ち着いてこられると、自転車の補助輪が不要になるように、私たちは必要とされなくなる。訪問や面談の予定がキャンセルになり、遠ざかる。

家族全体を支援し、環境を整える

本人は支援を希望したにもかかわらず、家族自身が周囲への不信や精神的問題を抱え、支援を拒絶したため、本人も結局、支援を断ってきた残念な例があった。逆に、本人が支援に消極的でも家族が支援を望む場合や、年齢が低くて教員やスクールカウンセラーに任せるほうが良い場合などは、本人よりも家族を中心に支援していく。そのために、家族向け（友人など重要他者を含む）メッセージで構成したリーフレットと、心理教育資料「たいせつな命をつなぐために」を作成した。

再企図防止には、本人に大きな影響を及ぼす家族の不安や戸惑い、そして苛立ちや怒りをケアしていくことが必要である。未遂によって引き起こされる家族の衝撃や疲弊をねぎらい、「どうすれば、ご本人が落ちつき、ご家族も気持ちが楽になれるでしょうか？」と共通の目標を考え、そのための小さなステップを作っていく。

とくに、親が本人の特性（発達障害やパーソナリティ障害など）を理解できない場合、子育てを失敗したという自責感と本人への怒りが交じり合って、対応に冷静さを失いがちである。このように家族の本人への接し方が関係の悪循環を引き起こしている場合、充分ねぎらった後で、「相手の立場を考える力が弱いが、悪気はなく、純粋」「感受性が強いので、考えすぎて気がつきすぎることが誤解されやすい」などと、肯定的な見方を提示して家族の対応を変え、本人との関係を改善することは、再企図防止に効果的だった。

松本[3]は、ジョイナーの「自殺の対人関係理論」を紹介して、「所属感の減弱」と「負担感の知覚」が重なることで自殺願望が生じると述べている。身近な存在である家族との関係が改善することは、「家に居場所がない」「家族に迷惑ばかりかける自分はいないほうが良い」と感じる未遂者やその家族にとっては、最も大切な支援かもしれないと思う。あるご家族が語ってくださった「大雨が降りましたけど、こうして地面が固まったということでしょうか……」という言葉が忘れられない。

文献
1　大津市保健所「大津市自殺未遂者支援　相談対応の手引き（たいせつな命をつなぐために）」二〇一五年（二〇二〇年現在、続編を作成中。その他、リーフレット等もホームページよりダウンロード可能）
2　野坂祐子『トラウマインフォームドケア―〝問題行動〟を捉えなおす援助の視点』日本評論社、二〇一九年
3　松本俊彦『もしも「死にたい」と言われたら―自殺リスクの評価と対応』中外医学社、二〇一五年

3 身体愁訴の背後にある「死にたい」を見逃さない

——プライマリ・ケアの現場から

宮崎 仁
Miyazaki Hitoshi
宮崎医院／内科学

ある日の診察室で

「なるほど、原因のわからないめまいとふらつきのために、三〇年間も苦しみが続いているなんて、それはつらかったですね」

「はい、いろいろな病院で検査をしても、どこも異常がないと言われて……夫からは、気の持ちようだから、しっかりしろと怒られるばかりで、とてもつらい日々を送っておりました」

「あまりにもつらいから、いっそこの世から消えてしまいたいなんて考えたこともありますか？」

「（短い沈黙の後で）ございます」

「死んでしまったほうが楽だと思われるわけですか？」

「はい、最近ではちょくちょくそんなことを考えます」

「では、具体的に死ぬ方法について考えられたことはあるでしょうか？」

「車を運転していて、橋の上を通るとき、このままハンドルを大きく切れば、橋から落ちて死ねるかなあなんて……」

「考えてしまうことがあるのですね」

これは、内科の診療所である当院の診察室で、めまいを主訴に受診した初老の主婦と交わした会話を再現したものである。

精神科や心療内科を専門としないプライマリ・ケア医の外来診療においても、患者の「死にたい」という気持ちに遭遇することは、決してまれな出来事ではない。

しかし、プライマリ・ケアの現場で出会う「死にたい」は、精神科の診療で出会うそれとは、かなり様相が異なる。なぜなら、精神科とプライマリ・ケアでは、「受診する客層が違う」からである。

「死にたい」は、身体疾患の顔をして現れる

うつや自殺に傾いた人には、二つの顔がある。一つは「精神疾患としての顔」であり、もう一つは「身体疾患としての顔」である。

抑うつ気分や焦燥感といった精神症状が強ければ、患者は当然のことながら精神科を受診する。ところが、不眠、頭痛、倦怠感、めまいといった、精神疾患に伴う身体症状が前面に出ている患者は、自分が精神疾患に罹患しているという自覚がまったくないために、私のような「フツーの町医者」の外来を訪れるのである。

プライマリ・ケアの外来を受診する、うつや自殺に傾いた患者の特徴を図表3-1に示した[1]。精神科を受診する患者との違いは明らかであるが、多くの精神科医はこの差異についてよく知らない。それは無理もないことで、ほとんど接したことのない客層の属性について熟知しているはずがないのである。

いつ「死にたい」気持ちを尋ねればよいのか

プライマリ・ケアの外来を訪れる患者のおよそ三割は、身体的な疾患だけではなく、精神科疾患に関連した問題をもっているといわれているが、さすがに「昨日から三八度の発熱があり、咳が出て、鼻水が止まらず、のどが痛いから来ました」という相手に対して、「死にたい」気持ちの有無を、いちいち確かめているわけではない。

プライマリ・ケア医が身体疾患を探索するモードをとりあえず終了させて、こころの問題と対峙するモードへ切り替えるときはいつか？

それは「医学的に説明困難な身体症状（medically unexplained symptoms：MUS）」に遭遇したときである。

MUSとは、「何らかの身体疾患が存在するかと思わせる症状が認められるが、適切な診察や検査を行っても、その原因となる疾患が見出せない病像」を指す。

MUSという概念は、「心理・社会的問題を身体症状に置き換える現象」を意味する「身体化（somatization）」よりも広義の状態像をカバーし、軽微な身体の不調を感じるレベルから、多臓器におよぶ複雑な症状を長期間表出する重症な身体症状症に至る一連の臨床的なスペクトラムとも考えられている[2]。

MUSを呈する状態像のなかで最も多いのは、治療可能な原因疾患が存在するにもかかわらず、医師の能力不足のためにMUSとして扱われ、未診断のまま放置されている場合である。このような状況には、(a)身体症状を伴う精神疾患を見逃している場合と、(b)「心因性」と誤診して身体疾患を見逃している場合の二つのパターンが存在するが、内科やプライマリ・ケアの外来診療では、前者が大部分を占めている。

身体症状の背景にある精神疾患や「死にたい」気持ちが見逃され、「不定愁訴」「自律神経失調症」といった安易なラベリングだけで放置されてしまうと、患者から適切な治療を受ける機会を奪うだ

図表3-1｜プライマリ・ケアの外来を受診するうつや自殺に傾いた患者の特徴(文献1)

① 併存する身体症状(不眠、倦怠感など)が前面に出ており、精神症状を最初から訴える患者はほとんどない
② したがって、大部分の患者は、自分が精神疾患に罹患しているとは思っていない
③ 精神疾患の診断基準を十分に満たさない(閾値より下の)患者が多い
④ 曖昧な病名(自律神経失調症など)のままで、適切な診断や治療がなされることなく、長年にわたり漫然と放置されているケースが多数ある
⑤ 内科的な慢性疾患(糖尿病、心血管障害など)と、精神疾患(うつ病など)が、併発／共存する頻度は非常に高い

けでなく、自殺完遂のリスクも高まる。

日常診療でMUSに遭遇したときこそ、プライマリ・ケア医がこころの診療の扉を開き、目の前の患者に対して、「死にたい」気持ちのリスク評価を含む、精神科的な問診を開始するタイミングとなる。

プライマリ・ケアで「死にたい」気持ちを評価する目的と方法

プライマリ・ケア医が「死にたい」気持ちを評価する目的とは、「このまま自分が診ていてもよいのか、ただちに精神科医へ紹介すべきなのか」を明確に判断することである。

つまり、夜間の救急外来で、右下腹部痛を訴えて受診した患者を前にして、「明朝まで経過を観察してよいのか、急性虫垂炎の可能性が高いと推測し、ただちに外科医へコンサルテーションすべきか」を決断する場面と同じだ。この状況では、急性虫垂炎という診断を確定することが目的ではなく、外科医を呼ぶかどうかの判断が重要となる。

同様に、「死にたい気持ち」の問診においても、精神疾患に関する精密な鑑別診断を行うことが目的ではなく、ただちに精神科医へ紹介すべきかどうかの緊急性が正しく判断できれば、プライマリ・ケア医としての任務を果たしたことになる。

とは言うものの、混雑した日常診療のなかで、精神科的な評価に関する専門的な訓練を受けたことのないプライマリ・ケア医が、比較的短時間のうちに、ある程度の根拠や再現性をもって、「死にたい気持ち」の評価を行うのは、決して簡単なことではない。

ＰＩＰＣ（Psychiatry in Primary Care）と名づけられた教育訓練体系は、精神科を専門としない医師が、内科やプライマリ・ケアというみずからの専門領域のなかで、適切な精神科的対応ができるようになるために、米国内科学会で始められたプログラムであり、前記のような目的には役に立つ[3]。

ＰＩＰＣの中核を成すのは、ＭＡＰＳＯシステムである。ＭＡＰＳＯとは、気分障害（Mood disorders）、不安障害（Anxiety disorders）、精神病群（Psychoses）、物質関連障害（Substance-induced disorders）、器質性疾患／その他の障害（Organic or Other disorders）という五大疾患群の頭文字をつなげたものであり、プライマリ・ケア医が出会う頻度の高い疾患のみに的を絞って、複雑な精神科の用語や概念を、非専門医でも覚えやすいように整理配列した診断ツールである。

本邦のＰＩＰＣ研究会が作成した「背景問診・ＭＡＰＳＯ問診チェックリスト」を使えば、定型化された平易な日本語による質問を読み上げるだけで、初心者であっても患者の「死にたい気持ち」のリスク評価を比較的短時間のうちに行うことが可能である[4]。

プライマリ・ケアの診療で、ＭＵＳを呈する患者に遭遇した場合には、ＭＡＰＳＯというフォーマットを用いて、精神心理状態の評価を遺漏なく行うことで、身体症状の背後に隠れている「死にたい気持ち」を見逃す失態を避けることができる。

プライマリ・ケア医が行う自殺予防と危機管理とは

図表3‐2に「背景問診・MAPSO問診チェックリスト」のなかから、「死にたい」気持ちを評価するための質問群を抜粋して示した。[4,5]

この質問リストは、「死にたい」気持ちの重症度が低いレベルから始まって、下に行くほど重症度が高い自殺念慮を拾い出すように配列されている。つまり①から順番に質問して、「いいえ」になればそこで終了であり、そこがその患者の「死にたい」気持ちの重症度となる。

先に述べたように、プライマリ・ケアにおけるリスク評価とは、「自分で診ていてもよいのか、ただちに精神科医に紹介すべきか」という判断を下すことである。この質問で、死ぬ方法について考えており、それが具体的かつ致死性の高い場合（たとえば「ホームセンターへ行って、首をつるための太いロープを購入しました」など）には、ただちに精神科医への紹介を考慮すべきである。[5]

実際に、MUSと思われる患者に対して、このフォーマットに従って、「死にたい」気持ちの有無を尋ねてみると、「死んでしまったら楽だろうなぁ」と思っている人の頻度が非常に高いことに驚愕する。「お腹が痛い」と言って内科に来た患者が、「この世から消えてしまいたいぐらいにつらい」と言って涙を流すのである。

もちろん、これは「聞いてみなければわからない」ことで、患者の外見や振る舞いからでは判断できないし、こちらへ積極的に告白してくれることもまずない。だから、こころの診療の素人であるプライマリ・ケア医は、MUSを呈する患者のすべてに対して、フォーマットに従って「死にたい」気持ちを改めて尋ねることがとても重要なのだ。

もし、プライマリ・ケア医自身が、「死にたい」気持ちを尋ねることを躊躇して、この一連の質問をパスした場合には、後から大変な「しっぺ返し」を食うことになりかねないので、手抜きは御法度である。つまり、これまで述べてきた一連のプロセスを愚直に実践し続けることが、プライマ

図表3-2｜プライマリ・ケアで「死にたい気持ち」を評価するための質問（文献4、5）

※①から順に質問して、「いいえ」になればそこで終了する

①死んでしまったら楽だろうなぁと思ったりしますか?

②死ぬ方法について考えますか?

→考えているとすれば、どういう方法ですか?

③遺書を書きましたか?

④死ぬことばかり考えていますか?

⑤実際に死のうとしていますか?

⑥自分でそれらを止められそうにないですか?

リ・ケアにおける自殺予防と危機管理そのものとなるのだ。

おわりに

プライマリ・ケアの現場で、ＭＵＳの患者が訴える身体症状は「氷山の一角」に過ぎない。水面下には、患者が抱えている身体・心理・社会経済・倫理などの諸問題が複雑に絡まる大きな氷塊が隠れている。そして、その中心に「死にたい」気持ちが鎮座していることは、決してまれではない。

水面下の氷塊を溶かしていかない限り、水面上の身体症状も解消されないし、自殺のリスクも増していく。良好な人間関係を基盤とした、医師と患者の共同作業だけが、身体症状の背後に隠れた「死にたい」気持ちを見つけ出し解消できる。

本章を終わるにあたり、ＰＩＰＣの創始者であるロバート・Ｋ・シュナイダーから、日本の内科医／プライマリ・ケア医に寄せられたメッセージの一部を紹介したい。

「私の希望は内科医と患者とがメンタルヘルスに関する問題について会話することが、たとえば血圧を測るように日常的な診療の一部となり、精神疾患に関する偏見や誤解が消えてなくなることです。もし、あなたが患者のうまく説明できない問題に気づき、それを系統だって分類し、理解しようとするとき、そこに精神科的な問題も含めて考えるなら、あなたの患者は初めて単なる患者ではなく『人』となるのでしょう」

文献

1 宮崎仁「メンタルヘルス」日本プライマリ・ケア連合学会編『日本プライマリ・ケア連合学会基本研修ハンドブック』一八二-一八五頁、南山堂、二〇一二年
2 宮崎仁「医学的に説明困難な身体症状」『日本内科学会誌』九八巻、一八八-一九一頁、二〇〇九年
3 Schneider, R.K., Levenson, J.: *Psychiatry essentials for primary care*. American College of Physicians, 2008.（井出広幸、内藤宏監訳『ACP内科医のための「こころの診かた」—ここから始める！ あなたの心療』丸善、二〇〇九年）
4 PIPC研究会「MAPSO問診シナリオ」杉山直也他編著『プライマリ・ケア医による自殺予防と危機管理—あなたの患者を守るために』二二四-二二九頁、南山堂、二〇一〇年
5 木村勝智「プライマリ・ケアの診察室で『死にたい気持ち』のリスク評価」『治療』九七巻、七六六-七六八頁、二〇一五年

4 緩和ケアの現場から

新城拓也
Shinjo Takuya
しんじょう医院／緩和医療学

「なあ、先生。どうせ俺の病気は治らないんだろ。それなら、この先なんで生きていかなきゃならんのかなあ。いっそ、何か注射して死なせてくれないか」

私は医師になってからこれまで、何度もこんなふうに、患者から「死なせてほしい」と頼まれてきた。

神戸のホスピスで一〇年間勤務し、その後開業して在宅緩和ケアに専念すること八年。私はこの一八年間、主にがん患者の緩和ケアを中心に活動してきた。ホスピスでは年に一〇〇人を超える末期がん患者の、そして開業してからは年に四〇人前後の患者の、最期の時間にかかわってきた。

医師になって二五年が経とうとしているが、その間、二〇〇〇人を超える患者の死にかかわった。私にとって、人の死は日常のこととなっている。ホスピスで働きたいと熱望し神戸に来てから、気がつけばずいぶん経った。今では、人の死にかかわる仕事において自分の存在は最も活かされると感じているし、社会のなかでの自分の立ち位置を静かに受容している。

知り合いや同僚から、「つらくないのか、人の死に立ち会ってどう気持ちを保っているのか」とよく訊かれる。かつて内科医だった頃の恩師からは、「なぜみずから望んで敗戦処理の専門家になるのか」と言われた。しかし、患者たちは死ぬまで生きている。私は約束された死の時間まで、苦痛を最小化し、患者の力を最大化するための緩和ケアを、医療の本質と信じて実践している。

不治の病を抱えてもなお、患者たちには日常の流れが毎日たしかに訪れ、彼らは今まで生きてきたように日々を生きている。私はといえば、こころのつながった患者との別れはつらい時もあるが、決して未練はない。人生の最期の時間に「向き合う」、というよりも、彼らの隣で歩調を合わせ、ちらちらと横目で見守りながら歩いているような毎日だ。患者が死というゴールに達するまでの間、みずからの歩調をゆっくりにし、どんなにゆっくりでも彼らが自分の足で歩みを続けられるようガイドするのが私の仕事だ。

治療関係をつむぐ

しかし、時に彼らは、天寿をまっとうする前にみずから人生の歩みを中断したいと思うのか、「死にたい」と、苦しみに押し潰されそうな心情を吐露することがある。

私が初めてRさんに会った時、肺がんが骨に転移し、相当な痛みがあった。タバコが好きで、今まで病気らしい病気をしたことのないRさんは、背中の痛みで病院に来たところ、たまたま肺がんがわかった。彼はとても痩せて、そして神経質そうな人だった。

私は、自分が緩和ケアの専門医であることを伝え、「呼吸器科の医師から、痛みについての相談がありました。相当痛みに困っていると聞いています。一度診察しましょうか」と話しかけた。「緩和ケア」という言葉を聞いて、Rさんはとても警戒した様子だった。たいていの患者は、「緩和ケア」とか「モルヒネ」と聞くと死を連想するのだ。冗談みたいな話だが、語感が似ているのか

「かんわけあ」を「かんおけや」と聞き違える人も実際にいた。

「俺はおまえに用はないんだ。医者がしつこく『行け』と言うから仕方なく来ただけだ。さっさと痛みをとってくれ。これだけ痛いと何もできん。おまえにわかるかこの痛みが」

Rさんは背中の痛みのため、歩き方もおかしかった。これでは家に帰れそうにないと思い、しばらく入院してもらうことになった。

痛みがあるうちはもうほかのことはまったく考えられない様子なので、まずは副作用のなさそうな鎮痛薬を処方した。確実に痛みを緩和するためには、本当は医療用麻薬を投与したいのだが、私のような専門医であっても、医療用麻薬の副作用には悩まされる。十分予防しても副作用が出ることもある。Rさんは私と出会ったばかりでまだ警戒している。副作用なく確実に成功する治療、いわば「バント」で進塁してから「タイムリーヒット」を狙わないと、最初から力んで一発逆転ホームランを狙うと、彼との治療関係が崩れてしまうかもしれない。よかれと思って最善の治療をしても、その結果生じてしまった副作用を許し合える関係を醸成するには時間が足りていないと思えた。

幸い、次の日少しは痛みがとれた。私はその後数日間、痛みのことばかりでなく、Rさんがどんな人なのか、ぼんやりとおしゃべりすることに専念した。元来私は好奇心が強く、人がそれまでどう生きてきたのかを聞くのが好きだ。Rさんがどんなことをしてきた人なのか、仕事や家族のことを、インタビューした。

Rさんは工場を経営していた。小さな工場ではあったが堅実な仕事を続けて、信頼を重ねてきたことを誇りにしていた。

「仕事をするうえで何を一番大切にしてきましたか」と私が尋ねると、「約束を確実に果たすことだ」と彼は答えた。その答えのなかに、私への要望がはっきりと含まれていた。私は会話を通して、痛みをとることを確実に果たすことを約束させられた。

「どうせ治らないんなら」

毎日の診察を通じて、彼との信頼関係の芽が出てきたと感じた頃、私はRさんにこう話した。「医療用麻薬を使わせてください。きっとそのほうが、今より痛みはとれるでしょう。もしうまくいかなかったら、すぐに別の方法を考えます。麻薬と聞くと怖いかもしれませんが、きっとRさんを助けてくれます。始めてからもしもやっぱり嫌だと思えば、やめてもかまいません。痛みがどのくらいなくなるか、一度一緒に挑戦してみませんか」

Rさんは、「信頼しているから任せるよ」とぶっきらぼうに答えた。

実際にモルヒネの飲み薬を処方すると、その日から「おまえ、ついにやったなあ」とRさんは嬉しそうな表情を見せた。数日すると、「痛みはほとんどないよ、よかった。普通に歩けるよ」とRさんは話した。私たちは治療の成功を二人で喜び合った。

あとは、より適切な麻薬の量を探し出し、便秘をはじめとする副作用を少なくする、八〇点を限りなく一〇〇点に近づけるための治療だ。今後肺がんが進行し状態が悪くなったとしても、一度成功体験を共有できれば、やがて来るつらい時をうまく乗り越えていける、私はそう直感した。

それからしばらくして、退院が間近に迫ったある日のこと。診察を受けるRさんの表情はいつもと違い、暗かった。痛みがなくなったことを喜び合った時は過ぎていた。

「なあ、先生。どうせ俺の病気は治らないんだろ。それなら、この先なんで生きていかなきゃならんのかなあ。いっそ、何か注射して死なせてくれないか」

肉体の苦痛とこころの苦痛

緩和ケアの現場では、がん患者は痛みをはじめとする強い症状に苦しんでいる。痛みがあるうちは、悩むことも、自分自身を見つめる余裕もない。

Rさんがそうだったように、適切に痛みが緩和されると、患者の表情は穏やかになる。そして薬の劇的な効果によって、医師は患者の強い信頼を得る。「痛みがとれた、ありがとう」と言われることは、医師として最大の喜びである。患者とその家族からの感謝の言葉が、医師にとって毎日の原動力となる。ここに私が緩和ケアを続けてきた強い動機がある。

しかし、肉体の苦痛が緩和されても、死に向かう患者の現実が変わるわけではない。患者は肉体の苦痛の緩和と引き替えに、こころの悩みに直面することになる。十分に悩む余裕を与えてしまうのだ。一つの苦痛を緩和できても、今度は二番目の苦痛が一番目に繰り上がってくる。治療の道程はまさにその連続だ。

　こうして、一度は苦痛緩和の成功をともに喜び合った患者が、今度は「死なせてほしい」と訴えて治療者の前に現れる。医師と患者の間に信頼関係があるからこその告白なのだ。

　このように死を求める患者ばかりではないのだが、時には微笑みながら、時には切迫した表情で、ホスピスで療養する多くの患者から「死なせてほしい」と言われ、私はとても困惑した。彼らと信頼関係を築いた結果、究極の苦痛の緩和として、死の手伝いと導きを私に求めてくるのだ。

　緩和ケアの対象には、肉体の苦痛だけではなく、精神、こころの苦痛もある。また、より根源的な苦痛として、スピリチュアルペイン（または実存的苦痛）と呼ばれるものについても研究がなされている[1]。

「家族に迷惑をかけてまで生きていたくない」「どうせ死ぬなら、早く楽にしてくれ」「動けない身体で生きていても仕方がない、死なせてくれ」といった患者の声を、私は聞いてきた。とくに、肉体の苦痛が緩和されたしばらくあとや、肉体の衰えにより転倒、失禁をしたあとには、極端に生きていく気力を失ってしまうのか、「死にたい」と告白される。

　患者から「死なせてほしい」と言われるたびに、私はおおいに悩んだが、「日本では安楽死は認められていません」「私にはあなたを死なせるような治療はできません」と、なんとも気の利かない答えしか返せなかった。かといって絶句して無言でいると、患者は、この医者に自分の気持ちを打ち明けても仕方がないと、ほかの言葉も徐々に飲み込むようになってしまう。「そうか、死にたいほどつらいのか」と対話のお手本のように共感を示してもこころを慰めることはできず、「どうして死にたいほどつらいのか」とその理由を深めていってもなんの問題の解決にもならない。私はどうしたらよいのかわからなくなってしまった。

「鎮静」という治療

このような「死にたいほどつらい」精神的な苦痛に、「鎮静（緩和的鎮静）[※1]」という治療が実行されることもある。耐えがたい苦痛、薬物やあらゆるケアを駆使しても緩和できない苦痛に対して、緩和ケアの現場では時に「鎮静」が行われている。

具体的には、ドルミカムという薬を、自発呼吸は残る程度の状態になるよう調節して投与し、患者の意識を落とし、多くは最期の時まで投与を続ける。どのような療養場所であっても、末期がん患者の二〇〜三〇％に鎮静が必要となる。その期間は一週間以内であることがほとんどだ。対象となる苦痛は、強い呼吸困難、痛みといった肉体的な苦痛もあるが、多くはせん妄と呼ばれる、意思の疎通が不可能な、意識の混濁した状態だ[2]。

日本でも、末期がん患者の「生きていることがつらい」という精神的な苦痛に対して、鎮静が行われている現状があると報告されている[3]。「死なせてほしい」患者を薬物で死なせることはできないなら、すでに残った時間が一〜二週間未満の状況であれば、鎮静を行ってもよいのではないかと考える医師もいる。[4] 一方で、このような方法を「緩徐な安楽死（slow euthanasia）」と批判する人たちもいる。[4] 鎮静はその手順が国内外でガイドラインとしてまとめられており、十分な緩和ケアを尽くしているかどうか多職種チームを交えた複数人で判定すること、患者・家族の意向を重視することが明示されている。[5]

私自身は、「死なせてほしい」患者に対して、その苦痛緩和のために鎮静を治療として実行していいのか、躊躇している。「死にたい」と望む患者の意識を薬で下げることとの意図は苦痛の緩和であると、医師として自覚してはいる。しかし同時に、その結果患者の死期が早まることもやはり意図している、と気がついているからだ。治療の意図は一つではなく、その場に相応しい言葉を、自分の内に探して差し出しているのだ。

私がこころのなかに言葉にしなかった意図を封じ込めてしまえば、誰も気がつかないだろう。患者の苦痛の緩和を高らかに宣言すれば、周囲の医療者、家族の罪悪感を軽減するかもしれない。そう考えながらも、「死にたい」と望む患者に対してこのような治療の力で向き合う重圧に、私は医師として耐えられなくなってしまった。

一つの「顔」と向き合わない

そこで私は、「死なせてほしい」と望む患者と「向き合う」のをやめ、見守ることにした。「患者に対して、いつも自分が結果を出さなくては」というプレッシャーから解放されなければ、この仕事は続けられないことを悟ったからだ。

「向き合う」のをやめるために、まず患者とかかわるすべての人たち、医療者、家族に、患者と接している時どのようなことを話しているのか、そしてそれぞれが何を感じているのかを尋ねて回るようにした。患者が、自分以外の人たちにも「死なせてほしい」と話しているのかを確かめるようにしたのだ。

Rさんは孫に対して、「死なせてくれるように先生に頼んでくれ」という話は一切せず、以前と同じように接していた。妻には、今まで家庭のなかではきっとこんなふうに会話をしていたんだろうなという、無造作なやりとりを相変わらずしていた。信頼できる看護師には、「一度家に帰りたいなあ」と話していることもわかった。私が見た「死なせてほしい」というRさんは、Rさんの一部にすぎないのだ。Rさんには私が見ている顔だけではなく、いろんな顔がある。相手との関係性のなかで顔は変わる。

「一人の人間は、『分けられない individual』存在ではなく、複数に『分けられる dividual』存在である」「たった一つの『本当の自分』、首尾一貫した、『ブレない』本来の自己などというものは存在しない」と小説家の平野啓一郎は述べている。[6] 自分のなかに多くの「分人」が同居し、相手により使い分けられるという、とても示唆に富んだ人間観だ。

自分はRさんの分人の一人から「死なせてほしい」と頼まれているのであって、Rさんの分人のすべてが死に同意しているわけではない、と私は考えるようになった。私は医師として、患者さんのあらゆる顔、分人を探し出すことで、「死なせてほしい」と望む分人だけに向き合うのをやめた。

健康で力のある私たち医療者は、時に大きな力でせっかちに患者の苦悩を解決しようとしてしまう。また、医療者は他人の人生、運命に不当な干渉をしてしまう傾向もある。

しかし、本来患者の苦悩は、彼ら自身の大事な人生の課題だ。彼らの課題を奪うことなく、じっくりと苦悩することができる環境をさりげなく整えることが、医療者の役割なのだ。患者がしっかり課題に取り組むことができるように肉体の痛みをとり、清潔な環境と身なりを整え、そして静かな時間を用意する。決して、医療者自身が何か妙案で彼らの苦悩を解決しようとしてはいけない。

患者の苦悩を毎日見守り続けるには、彼らの苦悩が彼ら自身のものになるように援助することが必要なのだと、最近私は考えている。[7]

※1　ここで「鎮静」とは、「持続的な深い鎮静」(continuous deep sedation)のことを指す。「持続的」とは鎮静を開始してから亡くなるまで持続すること、「深い」とは会話ができないほど意識を深く落とすことを意味する。

文献

1 Morita, T., Kawa, M., Honke, Y. et al.: Existential concerns of terminally ill cancer patients receiving specialized palliative care in Japan. *Support Care Cancer* 12: 137-140, 2004.

2 Maltoni, M., Scarpi, E., Rosati, M. et al.: Palliative sedation in end-of-life care and survival: a systematic review. *J Clin Oncol* 30: 1378-1383, 2012.

3 Morita, T.: Palliative sedation to relieve psycho-existential suffering of terminally ill cancer patients. *J Pain Symptom Manage* 28: 445-450, 2004.

4 Seymour, J., Rietjens, J., Bruinsma, S. et al.: Using continuous sedation until death for cancer patients: a qualitative interview study of physicians' and nurses' practice in three European countries. *Palliat Med* 29: 48-59, 2015.

5 日本緩和医療学会緩和医療ガイドライン作成委員会編『苦痛緩和のための鎮静に関するガイドライン二〇一〇年版』金原出版、二〇一〇年

6 平野啓一郎『私とは何か―「個人」から「分人」へ』講談社現代新書、二〇一二年

7 新城拓也『患者から「早く死なせてほしい」と言われたらどうしますか？―本当に聞きたかった緩和ケアの講義』金原出版、二〇一五年

5
生活困窮者支援の現場から

的場由木
Matoba Yuki
NPO法人自立支援センターふるさとの会／保健師・保護司

はじめに

生活困窮者支援にかかわり始めてから、「死にたい」気持ちに出会う場面は数多くあった。筆者が所属しているNPO法人は、一九九九年に東京の山谷地域に設立された、生活困窮者を支援する民間組織である。もともと山谷の身寄りのない日雇い労働者を支援していたことから単身の中高年男性の利用が多かったが、現在では、ネットカフェなどを転々としている若年の困窮者、退院先の確保が困難な精神障がい者、刑事施設出所後に帰住先のない困窮者、家庭内暴力（DV）等で避難が必要な女性や母子世帯、家族ごと孤立し困窮している世帯、貯金が底をついて医療費や家賃の支払い等が困難となっている年金生活者など、さまざまな人たちが支援対象となっている。

比較的高齢の利用者が多いため、最期まで地域で孤立しないように支援したいと考え、地域の医療機関と連携しながら、在宅療養の体制をつくり、看取りにも取り組んでいる。しかし、実際には病気や老衰で亡くなる人ばかりではなく、路上死や孤独死、そして自殺による死とも向き合わざるを得ない現場でもある。

法人の設立から現在に至るまでに、利用中あるいは利用終了直後に自殺によって亡くなってしまった人たちは一三名になる。過量服薬による自殺企図やリストカットなどの自傷がみられる場合も少なくない。また、夜間や早朝に「死にたくなってしまった」と連絡が入ったり、アパート訪問時に練炭が準備されていたりと、明らかに希死念慮を抱えているような場合や、希死念慮とまでは言えなくても自暴自棄になって健康を害したり、生活が不安定になってしまう人たちは多い。加えて、現在は安心して生活しているように見える利用者であっても、過去の自殺企図の経験が語られることは多くある。自殺企図の後遺症による障がいを抱えながら生活している人もいる。

本章では、筆者を含めて、実際に生活支援スタッフが生活困窮者の「死にたい」に直面して考えてきたこと、そして、どのようにその気持ちに寄り添いながら一緒に生きていくことができるのかについて試行錯誤してきたことを報告したい。

うまく言葉にならない気持ち（悩み）を話し合う試み

生活困窮者支援の現場に限ったことではないかもしれないが、「死にたい」という気持ちやその理由が明確に語られる場面は多くはない。それは、単につらさや悩みを他者に伝えて助けを求めることができないというよりも、「うまく言葉にならない感覚に圧倒されたり翻弄されたりしているような状態」なのではないかと感じられる。そして、その「うまく言葉にならない感覚」のなかに「死にたい」も「生きたい」も混在しているのではないだろうか。

自傷行為を繰り返していたある若年の利用者は、「頭のなかが真っ白になる」と表現することが多くあった。夕方から夜間にかけて不穏状態となり、スタッフが付き添って対応することも多々あったが、なかなか気持ちが安定しなかった。過量服薬による救急搬送と入退院を繰り返し、周囲も本人もどうしていいのかわからない状態が続いていた。さまざまな試行錯誤のなかで、最も本人の安心につながったのが、同じ住居で暮らす他の利用者とのミーティングを重ねることであった。自傷の手段になるもの（カッターや薬）は遠ざけること、それでも自傷になりそうなときはスタッフが止めること、不穏になってしまう大変さを他の利用者と一緒に話し合うことを繰り返していくなかで、だんだんと不穏になることが少なくなっていった。

不穏が少なくなった理由には、本人が自分の大変さを他の利用者と共有でき、不安なときに近くにいる仲間に助けてもらえる安心を得たこともあると思うが、同時に、周りの利用者も自分と同じようにいろいろな悩みを経験して人生を歩んできた人たちだということを知って、「同じだな」との感覚を得たことが大きいのではないかと考えている。また、生活のなかで周囲の利用者とトラブルになった際、その都度話し合いを行って解決してきたことも、安心した関係をつくる重要な機会となった。「暴力はダメだよ」「私も昔は大変だった」「よく頑張ってるね」「つらいね」「みんながいるから大丈夫」などの言葉を繰り返しかけられたことで、うまく言葉にならない気持ちを理解しようとしてくれている関係があることが実感でき、だんだんと安心につながったのではないかと思う。

基本的な信頼感・安心感の必要性

入居したばかりの人や認知症の利用者から「ここはいつまでいられるのですか？」と聞かれる

ことがよくある。「いつまでいてもいいですよ」と伝えると安心することが多い。

生活に困窮し、生活基盤を失ってしまうという事態は、「明日もここで暮らしているだろう」という当たり前の生活の継続性や見通しがなくなってしまうことである。利用者の生活歴を見ると、安定的な住居を得ることができないまま、長期にわたって施設を転々としている場合がある。なかには数ヵ月単位で病院や施設の移動を繰り返している人もいる。退所期限が定められている施設が少なくないことや、近隣住民や他の利用者とトラブルになって退去を余儀なくされることなどが、居所の喪失の主な理由である。この居所の不安定さや見通しのなさが心身に与える影響は、周囲が考えている以上に大きなものなのではないだろうか。

筆者が所属しているNPO法人は、生活困窮に加えて、統合失調症や認知症、知的障がいなど、さまざまな障がいを抱えた人たちが利用しており、言葉によってコミュニケーションをとることが難しい人たちも少なくない。このような人たちにとっては、今自分がいる場所が安全なのか、周りにいる人たちが敵なのか味方なのかわからない状態で、新たな生活を開始しなければならない。パニック状態になってしまう人や引きこもってしまう人、行く当てもなく出ていこうとする人、入居直後に自殺企図がみられる人もいる。

一般的に生活の変化はストレスとなり、自殺のリスク要因の一つであると言われているが、生活困窮者支援の現場においては、利用者は見通しのない生活の変化を繰り返しているということに留意していく必要がある。通常であれば意識することもないような、当たり前の感覚としての基本的な信頼感や安心感、安全感が「ない」ところから支援がはじまることになるため、現在暮らしている場所が安全だということを実感してもらうことが肝要である。

「今ある力」を役割や仕事にしていくこと

これまで自殺によって亡くなってしまった利用者の半数は、就労支援の対象者である。就職活動をして仕事も決まり、アパートにも転居し、さあこれから、というときに自殺となってしまうことがある。就労支援におけるメンタルヘルスはとても重要である。

あるとき、資格を取得して就労し、アパートに転宅したばかりの利用者がうつ状態となってしまった。アパートに訪問すると、「すみません。こんなになってしまって」と申し訳なさそうにうつむき、心身ともに疲れ切ってしまった様子だった。その後は、身体を休めて体調を整えることや精神科を受診することのサポートを行っていたが、数ヵ月後に亡くなってしまった。

失業によって生活困窮になってしまった人たちを支援するとき、就労プログラムや生活訓練などが提供されるのが一般的であるが、支援のあり方によっては、つねに「今よりももっと力をつけなければならない（今のままではいけない）」というプレッシャーに晒され続けてしまう場合がある。一見順調なように見えても、実際には一般就労を成し遂げて自立することを目指すあまり、頑張りすぎてしまっていたり、実はアルコール依存やパチンコ依存などの問題も同時に抱えていて、そのことを誰とも共有できないまま経過し、人知れず困り果て、孤立してしまったりすることがある。

これらのことから、就労支援においては、単に就職活動を応援するのではなく、まずは毎日の生活のなかで「今ある力」で現にやっていること（やれること）を役割にしていくことや、ストレスや悩みを共有できるような仲間をつくることがとても重要だと考えている。

孤立を深めないようにするためにどうするか

もともと「死にたい」気持ちを抱えている人が、「死にたい」と訴えることでスタッフが帰ることを引き留め、お互いに苦しい関係になってしまうことがある。このような場合には、スタッフが個別に対応しようとしてもうまくいかないことが多い。距離をとろうとすればするほど、駆け引きのようになり、自傷がエスカレートしてしまうことも心配される。

一人暮らしの寂しさや不安を抱えている利用者はとても多い。自殺が心配される場合や不眠などの症状がある場合には、医療機関や保健所などと連携しながら支援しているが、受診やスタッフの訪問だけでは、日常的な不安や寂しさを解決することは難しい。居場所やサロンを活用して、他の複数の利用者と一緒にイベントの準備などに取り組む機会をつくるなど、気持ちを共有できる時間を増やすことが重要である。

夜間に「死にたくなってしまった」と連絡を受けて、スタッフが駆けつける際は、落ち着くまで付き添い、翌日一緒に医療機関に相談に行くことが多い。入院の必要性はなくても、夜間一人になることが心配である場合には、二四時間の見守り体制のある共同の住居を緊急的に利用したり、そのまま共同の住居に入居したりすることもある。

独居生活では毎日のように希死念慮を訴えていた人が、共同の住居を利用することでとても安心する場合があるため、二四時間の相談体制や緊急避難できる場所は非常に大切だと考えている。

おわりに――「死にたい」について話し合うこと

自殺の問題が身近な現場であるにもかかわらず、「死にたい」気持ちをきちんとスタッフ間で取り上げて話し合うような機会は、実は最近まであまり多くなかった。まず、自殺という事態が起こったときに、その問題をどのように考えていけばいいのか、どのように振り返って話し合ったらいいのか、わからなかったからである。もっとこうしていればよかったのではないかと振り返ると、担当していた自分が責められているように感じてしまい、反対に、自分たちができることには限界があるのだから仕方がなかったのではないかと振り返ると、結局何をやってもダメなのかという無力感が募ってしまう。

今からおよそ七年前、共同の住居に入居して間もない利用者の一人が窓から飛び降りて亡くなってしまった。スタッフが集まり、いったいどんな気持ちで入居していたのか、自分たちがやっていることは利用者にとって何だったのだろうか、などと話し合った。もっとコミュニケーションをとっていれば、自殺に至る前に「死にたい」気持ちを共有することができたのだろうか、他にも同じような気持ちの人はいるのではないか、自分がやっている支援がこれでいいのかつねに不安、などの意見が出た。

この話し合いをきっかけにして、これまで実際に自殺で亡くなってしまった利用者のこと、「死にたい」という場面に遭遇したときに考えたことや対応してきたこと、困難に感じたことなど、これまで個々のスタッフの経験のなかで抱えてきたことをあらためて出し合って検討することになった。その内容をもとに、現在の共通の支援の方法論がつくられ、すべてのスタッフの手引きとしてまとめられている。

自殺によって亡くなってしまった人の支援を振り返るとき、なぜ亡くなってしまったのだろうということばかり考えてしまうが、「どのような人生だったのだろうか」とその人の人生全体に目を向けて考えられるようにこころがけている。その人生は、ただ過去のものとして過ぎ去ってしまうのではなく、現在もこれからも「死にたい」気持ちに苦しんでいる人や、それを支える人たちとともにあると考えている。

6 障害者就労支援の現場から

江田暁子
Kouda Akiko
株式会社LITALICOライフネット支援室※／精神保健福祉学
※二〇一六年当時の所属。現在の所属はＮＰＯ法人ＯＶＡ。

筆者は、「働きたい」「企業に就職したい」という思いがありながら働くことに障害のある方に、就労移行支援事業を通して就職とその後の職場定着に向けた支援を提供する民間企業に勤めている。

就労移行支援とは障害者総合支援法に基づく福祉サービスの一つで、利用者と事業所が利用契約を結び、二年という利用期間のなかで就職を目指す。障害種別を問わず、身体障害・知的障害・精神障害・発達障害や難病のある、一八～六五歳未満の幅広い方が利用可能なサービスである。株式会社LITALICOでは、WINGLEというサービス名で就労移行支援事業を全国五一ヵ所で展開している（平成二七年一二月時点）。

WINGLEでは、利用者が自分の就職への希望に合わせ一定日数を事業所に通いながら、勤怠の安定に向けて生活リズムを整え、ワークショップや企業実習などへの参加を通して、得意・不得意や配慮が必要な点を含めた自己への理解を進め、ビジネススキルやマナーを習得し、就職活動をしていく。支援者は、ワークショップの提供はもちろんのこと、利用者にマッチした求人開拓や、就職後の対人関係サポートも含めた職場や家族、関係機関との支援体制構築を行っている。

就職活動というと自分の未来を切り開くような前向きなイメージがあり、実際に支援者として新しいスタートに立ち会える喜びは大きい。同時に、利用者のなかには、自殺リスクが高くなくとも生きづらさを感じている、自殺念慮を抱えながら活動している方が少なくない。常態化しているわけではないが、自殺の危険が差し迫っている方の利用も実際にある。その現状から、就労支援では社会に潜在している自殺リスクのある方に出会う確率が高いのではないかと、命にかかわる一種の緊張感とともに考える日々だ。

ライフネット支援室は、そのような利用者の自殺リスク対策を専門として平成二六（二〇一四）年二月に発足した部署である。支援者の自殺予防スキルの向上やリスク対応・判断をサポートすることで、利用者の自殺予防に貢献することを目的としている。WINGLE全国五一拠点に対してサポートを行っている。主な取り組みは、自殺リスクの評価の仕方や対応についての研修構築や提供、ハイリスク者の緊急対応サポートとして支援者への電話やメールでの助言、事業所でのケース会議の開催などである。

現場の支援者（以下、スタッフ）とともに利用者（以下、メンバー）の自殺予防と対応に日々奔走しているが、この場を借りて障害者就労支援の現状を考察し、少しでも自殺予防の実践につなげていきたい。

就労支援の現場の実態

WINGLEでは、メンバーが利用開始する際にアセスメント面談を実施、面談内容をもとにリスク評価、評価結果に応じてクライシスプランを作成、インターベンションする運用を平成二六年冬から試験的に始め、平成二七（二〇一五）年に正式導入している。導入してからまだ日が浅く、データ集積を始めているところで、統計データとして共有ができる状態にないが、何かしらの生きづらさを抱えていたり、自殺念慮があったり、今は落ち着いているが過去に自殺未遂や自殺念慮のあったメンバーが一定数いることがわかってきた。

一般的に精神障害のある方がハイリスク群に多い印象があるが、WINGLEでは障害種別に限らず自殺念慮の有無を確認しており、メンバーの障害種別の割合（約六割が精神障害、一・五割が知的障害、一・三割が発達障害、その他〇・二割）に比例しているとも考えられる。年齢層も二〇〜五〇代と幅広く分布しているが、割合としては二〇代、三〇代の若年層が多い。

主訴は、失業による金銭面での生活の行きづまり、人間関係での悩み、就職への焦りや不安など、さまざまである。症状や認知の特性によって起こるうつやコミュニケーション障害などの二次的な状況、親しい人との離別、虐待・DV・ハラスメントやいじめ、家族の介護や育児など、複雑な背景があるメンバーが少なくない。要因は一つでなく、現在・過去の要因とも連鎖し、リスクを高めている傾向がみられる。

平成二七年版自殺対策白書の「その他の無職者における自殺の原因・動機の比率」〔図表6-1〕と一致する点が多くみられ、無職者であるメンバーは潜在的に高い自殺リスクを抱えやすいことがわかる。

その他の特徴として、援助希求行動がない、もしくは少ないことがあげられる。これまでつらい気持ちを打ち明けても拒絶され、迷惑がられ、根拠ない励ましを受けた経験から「こんな話をしても無駄だ」とあきらめに近い状態、「こんな話をしたら迷惑をかける」「人に相談することではない」

図表6-1｜20、30歳代のその他（主婦、失業者、年金・雇用保険等生活者以外）の無職者における自殺の原因・動機の比率（内閣府・平成27年版自殺対策白書）

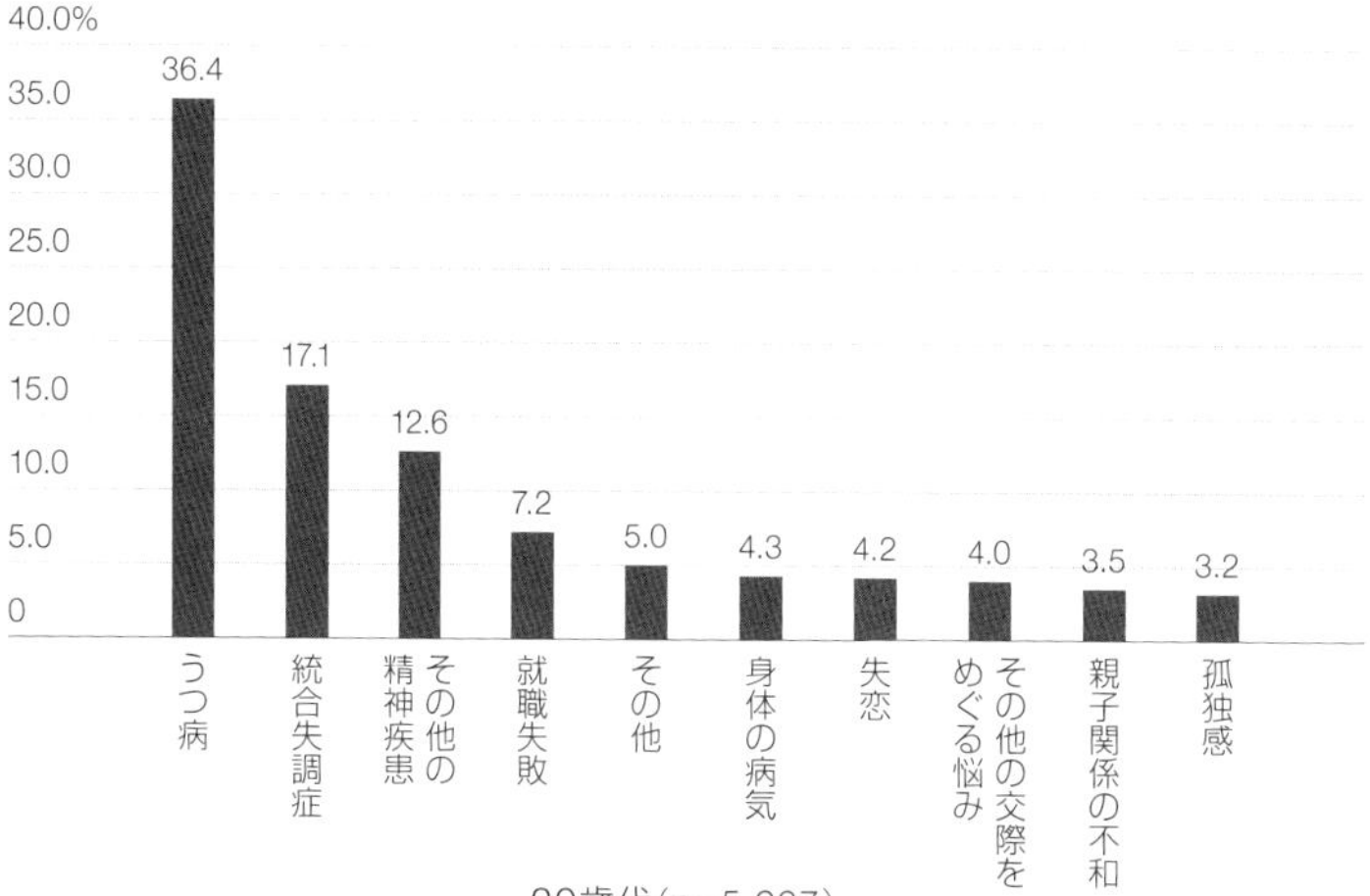

20歳代（n=5,937）

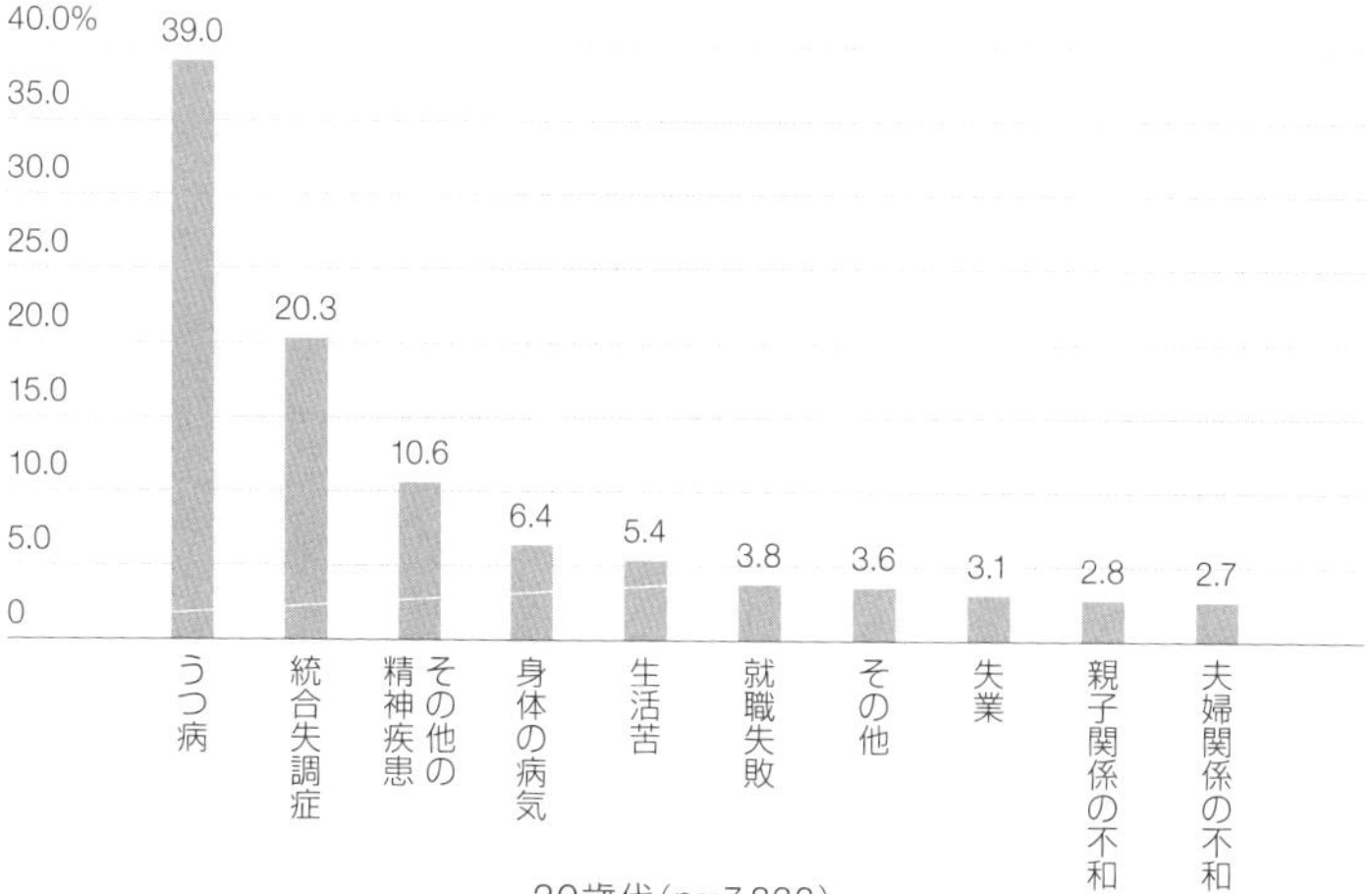

30歳代（n=7,832）

と誰にも話せず一人で悩みを抱えている状態もある。就職活動への影響を不安視しつつも、スタッフに初めて思いを打ち明けたという例もよく聞く。

自殺リスクに対する支援の指針

前述の実態から、話しやすい関係性を築き、就職・就労という視点だけでなく生活全般において何が生きづらさにつながっているのか、リスク因子を感度高く拾い、早期支援につなげることが重要だと考える。

WINGLEでは、トーマス・E・ジョイナーらの「自殺の対人関係理論」[1]を支援の指針としてリスク対応に取り組んでいる。身についた自殺潜在能力は何か、所属感の減弱や負担感の知覚といった心理状態に陥っていないかなど、面談を通してアセスメント、リスク評価を実施している。リスク評価結果をもとに、どのように所属感を高め、負担感の知覚を軽減できるか、支援方針を検討し、クライシスプランを作成している。

Aさん(三〇代、男性、気分障害、利用期間一年～一年半)の例

ある日の夕方、とある事業所のスタッフBから電話で一報が入った。

「メンバーのAさんが『実は死にたくて薬をまとめて飲もうとしたけど、以前のことを思い出して、

本当に死んでしまうかもと怖くなった』と面談で話してくれたんです。話を聞いたら『ちょっと落ち着いた』と言うのですが、ご両親にも話してほしくないと言われて……。大型連休も近く、センターが閉所になってしまうので、このままだと心配です。どう対応したらいいですか」という内容。すぐにスタッフBにヒアリングを始め、進捗に合わせて随時対応を検討、助言を行った。

Aさんは現在母親との二人暮らし。本人の話によると、母親とはほとんど家で話すことがなく、食事以外、日頃から自室にこもっている。父親は幼少期に離別、兄もいるが、自分に無関心で現在は音信不通。過去に一人暮らしをしていた際に、労働環境が苛酷で精神的に追い込まれ首をつった未遂歴があり、母親に迷惑をかけたことに申し訳なさを感じている。「心配をかけたくない」と母親への連絡を頑なに拒否。就職活動をしていることは知っているが、どんな事業所なのかもくわしくは伝えていない、という状態だった。

就職活動中で、面接につながっても不採用になることが多く、ここ一ヵ月は気持ちの不調を訴え、スタッフBとの面談を希望し、毎日の面談を繰り返していた。

もともと口数が少ないAさんは「すみません、こんな話をして」が口癖で、一年かけてようやくスタッフBには自分の気持ちを話せるようになったが、そのぶんスタッフBに支援が集中している状態。スタッフBは今後どのように面談を進めたらよいか、行きづまりと不安・焦りが入り交っての電話相談だった。

検討した一次対応の内容

・「打ち明けてくれてありがとう」と伝え、話してもよいという安心感をもってもらう。
・「少しでも気持ちが楽になるように一緒に考えたいので、くわしく話を聞かせてもらいたい」と伝える。たとえば、薬を飲もうとしたときに何があったのか、どれぐらいの薬を飲もうと思っていたのか、実際に準備したのかなどの計画性を確認する。
・実際に家族は非協力的なのか、普段のやりとりをくわしくヒアリングし、家族とどういう関係性になったら本人が一番安心なのかの要望を確認する。
・主治医には死にたい気持ちが話せているか（もしくは話せそうか）、通院同行などでスタッフがサポートすることをどう思うかなどを確認する。

一次対応の結果

翌日、予定どおりAさんは通所。スタッフBは面談を実施し、前述の一次対応を実施。
・薬について：「残っていた薬をまとめて飲もうかと考えていたけれど、怖くてできなかった」が、以前から自宅にロープをもっていたとわかった。
・家族関係について：「就職活動のこととか聞かれたら答えにくくて、いろいろ詮索されるのが嫌なので、すぐに部屋にこもってしまう」が、「時々一緒に買い物にも行く」など会話ややりとりがないわけではない。本当は母親にいろいろ話を聞いてもらいたいが、就職できていない状態が申し訳ないという気持ちがあるとわかった。
・主治医について：信頼していた医師から先日別の医師に変わったばかりで、どこまで話をしたらいいかまだわからないという話だった。

その後の対応の結果

・持っていると実行しそうで怖いと思うので、ロープを持ってきてもらうのはどうかと提案し、通所の際に持参してもらい、ロープを回収。
・通院同行を実施。本人と事前に確認していた情報を共有し、主治医の理解も得、定期的に主治医および医療相談室と相談する了承を得る。大量服薬の可能性を踏まえて処方も変更に。
・母親に事業所から電話連絡し、事業所の概要と通所時の本人の頑張りなどを説明。母親も心配していたが、どうかかわったらよいか、本人との関係で悩んでいたため、事業所と母親で定期的に家族面談も実施。医師も交えて夜間・休日も含む緊急時の対応について相談した。
・Aさんはその後、母親、医師との関係も良好となり、状態も安定。就職につながっている。

日々の支援自体が自殺予防につながっている

Aさんと同様に、失敗を繰り返しながらもうまくいったときの喜び、人に受け入れられた・認めてもらったという実感から自信を回復していくメンバーにたくさん出会ってきた。働くことの意味は人それぞれだが、働くことを通して人とつながりたいという思いが根底にある人も多くいるのではないか。

メンバーにとって、事業所が日々の「死にたい」「死にたくない」と揺れ動く気持ちを吐露できる場所の一つ、人とのつながりを感じられるちょっとした成功体験ができる場になる。自殺を完全に防げないまでも、日々の支援を通してスタッフはゲートキーパー的役割を担うことができるように思う。

今後の取り組み

日々の支援自体が予防となるならば、メンバーがどのような人なのかに関心をもち、揺れ動く気持ちに寄り添い、じっくりかかわり続けようと取り組むことが重要だ。それを実践していくには、死にたいという心理や理論などに関する知識や対応スキルの習得はもちろん、バーンアウトを防ぐ一人抱えしない環境づくり、家族や関係機関、職場との早期の協力関係の構築は不可欠である。二年という期間では、できることも限られている。一関係機関としてネットワークの一翼が担えるよう、関係各所に相談・協力を仰ぎ、ともに試行錯誤を繰り返しながら、よりよい実践につなげていきたい。

［注］本稿は平成二七（二〇一五）年一二月までの実践を紹介したものである。現在、筆者の所属は株式会社LITALICOではないが、書籍化にあたり令和二（二〇二〇）年一二月時点の状況を補足する。

1 「WINGLE」は「LITALICOワークス」とサービス名称を変更し、就労移行支援事業および就労定着支援事業を障害福祉サービスとして行っている（全国九〇ヵ所）。

2 「ライフネット支援室」は、採用や従業員教育、サービス品質管理等を行う部署に内包され、サービス提供における一体的な取り組みとして自殺予防対策を継続している。

文献

1 Joiner, T.E., Van Orden, K.A., Witte, T.K. et al.: *The interpersonal theory of suicide: guidance for working with suicidal clients.* American Psychological Association, 2009.（北村俊則監訳『自殺の対人関係理論―予防・治療の実践マニュアル』日本評論社、二〇一一年）

7 借金問題・債務整理の現場から

木下 浩
Kinoshita Hiroshi
木下司法書士事務所／司法書士

多重債務の相談現場

司法書士事務所に相談へ来る多重債務者の多くは、「多額の借金で生活が苦しく、債権者への返済が滞り、厳しい取立てもあり、どう対処すればよいかわからず不安に駆られている」とか、「住宅ローンの支払いができず、このままでは家を失ってしまう」といった苦しい現状を訴える。

司法書士が依頼者の事件を受任した後、最初にすることは、受任通知を各債権者に郵送することだ。これによって、債権者からの取立てを止めることができる。同時に、多重債務者には、毎月の返済を中断してもらう。その後、本人が多重債務に陥った原因とその経緯を、債権者側から取り寄せた取引履歴明細書や本人の通帳等の資料を参考にして、詳細に聞き取っていく。

多重債務者の多くは、必死に返済を繰り返してはいるが、さまざまな事情から、毎月の生活に必要な金額を債権者への返済総額が大幅に超過し、その結果、各債権者への毎月の返済が滞ってしまう。

返済が滞れば、債権者側の厳しい取立てが始まり、精神的に追い詰められ、その場しのぎで容易に借入が可能な債権者（具体的には闇金等）の勧誘に乗ってしまったり、親族・知人等に借入を懇願したりする。しかし、現実は、かえって状況を悪化させるだけになってしまっている。

毎月の返済に追い詰められた多重債務者のなかには、一度は「自死」を考える者も少なくなく、また、判断能力が低下した状態で横領や強盗等の犯罪に手を出す者も、少数だが現実に見受けられる。

最善の解決策は、法律専門家に借金の整理を依頼することによって、これまでの多重債務者本人の生き方、考え方、自身と社会や家族を含めた周囲の人とのかかわり、今、優先して何をなすべきなのか？ 大事にすべきことは何なのか？ ということに、冷静かつ真摯に向き合い、整理することである。この作業をすることによって、今後どのように生活を再建していくのか、人としての信頼を回復するために何をすべきか、といったことを自分自身で見つめ直してもらう。

同時に、自分自身が困難な状態に陥り、自分で解決できない場合に「他人に相談する、あるいは、他人に助けを求めることは、決して恥ずかしいことではない」ということを、社会全体が理解することが大切である。すべてに「自己責任」を求めるのは、必要以上に人を追い込む結果となり、不可能なことを強いることになりかねない。

相談現場の司法書士は、多重債務者本人の苦しい現状を知るがゆえに、多重債務に陥った結果を、原則的に非難しないようにこころがけている。また、借金問題が生じた原因のなかには、個人の自己責任と結論づけることが酷な社会的な出来事や自然災害、予期せぬ病気や事故等もあり、誰しもが多重債務に陥る可能性は否定できないのである。

つまり、多重債務に陥ることは、特別なことではない。生活を営む以上、誰にでも起こりうるということを、社会全体の共通認識としてもっておくべきである。

借金問題の背景に潜む多様な問題

司法書士事務所に相談へ訪れる多重債務者の借金問題には、実は、多種多様の問題が隠れている。具体的には、「事業の失敗で会社が倒産した」「会社の経営悪化で給与が大幅にカットされた」あるいは「過重労働等でうつ病を発症し、会社を辞めざるを得なくなった」「難病で、多額の治療費が必要となった」等々、個々の多重債務者は、借金以外にも多種多様の問題を重複して抱えている。

そのため、ただ多重債務者の借金問題を解決したとしても、本当の意味で、それが本人やその家族にとって「生活の再建」の一歩となり、「生活の安定」につながるのか？ということが、司法書士にとって一番の気がかりとなる。

なぜなら、通常の場合、借金問題が解決できたからといって、本人の収入がすぐに増加し、生活がただちに改善するということはまずないからである。現実は、借金の問題に隠れたさまざまな問題を、先行、あるいは、債務処理と並行して解決しない限り、本当の意味での「生活の再建」とならないし、「生活の安定」にもつながらないのだ。

現実の借金の処理方法と背景の問題

多重債務者の背景には、多くの隠れた問題が潜んでいることは、前節で述べたとおりである。

そこで、司法書士が借金問題を処理するにあたっては、家計収支のバランスを見極めたうえで、裁判外・裁判上の債務処理手続きを考えるが、それだけではない。

たとえば、過重労働が原因で精神疾患等の問題がある場合は、労働災害申請の必要性や雇用契約に基づく会社側の安全配慮義務違反の有無等の問題を検証し、被雇用者に支払われるべき給付金や損害賠償等、労働問題等から派生する金員も、債務処理手続きを進めるうえで熟慮しなければならないことがある。また、多重債務者に精神疾患の罹患が疑われる場合は、本人の「かかりつけ医」への診察を促し、「かかりつけ医」がいない場合には、近くの精神科医への受診を勧め、あるいは、地元精神保健福祉関係者の面談につなげる等の配慮が必要となる場合もある。

当然のことながら、多重債務者のメンタルヘルスの問題は、司法書士にとっては業務範囲外の問題である。しかしながら、現実的に、本人の「生活の再建」や「生活の安定」を最終的に考えるならば、精神疾患の罹患からの回復も重要な再出発の要因の一つとなる。それゆえ、メンタルヘルスの基礎的な知識や、メンタルヘルスの問題を抱えた本人との距離感を含めた対応や接し方等は、司法書士が業務を行ううえで必要なスキルとして位置づけている。

それと同時に、司法書士等の士業関係者と精神科医・精神保健福祉関係者等の間で、お互いが「相手方の専門職能者としての技量や人としての信頼感・責任感」を十分に理解したうえで「顔の見える関係」を構築し、最終的にこの関係をネットワークにまで発展させる。そして、「顔の見えるネットワーク」をツールとして、お互いに自身の専門職域外の問題を依頼し合い、多重債務者の主訴とその背景のさまざまな問題に異業種間で包括的に対応できるよう各地で目指してほしいと考えている。

実務上、ギャンブルやアルコールの依存症者がとくに多く見受けられる。この依存症者の借金問題は、先行して借金問題だけを処理することで、多重債務者とその家族にとって重大な弊害をもたらすことが現実にある。つまり、借金問題を先行して処理することで、多重債務の依存症者にとって、自由に使える金銭が復活、あるいは、増加してしまう危険性がある。

具体的に言えば、債務整理手続きを先行させれば、法律実務家の「受任通知」により、債権者への毎月の返済は必要なくなる。もし多重債務を負っている依存症者が会社員であれば、毎月の給与から各債権者に振り分けていた返済金は、支払う必要のない金銭、つまり、依存症者自身にとって自由になる金銭として、賭け事や飲酒に使われる(=中断と再燃の問題)恐れが大きくなるということだ。

そのため、依存症者の借金問題の処理にあたって、法律実務家等は、精神科医・地元の精神保健福祉関係者等や民間の自助グループ、家族会等、さまざまな関係者との連携を密にして、情報を共有しながら包括的に対処することが重要だ。

司法書士自身と自死問題

司法書士のなかには、相談者の相談後あるいは依頼者の事件受任後、多重債務者の自死既遂・未遂を経験した者が少なからずいる。

多くの司法書士は、相談後や依頼案件の受任後、目の前にいる多重債務者がみずからの「いのち」を断つことは想定していない。なぜなら、多重債務者の「主訴」を処理して、本人が背負っている負荷要因を直接的に取り除くことで、本人の「生活の再建」や「生活の安定」に大きく寄与できるものと信じて疑わないためである。

多重債務者の自死行為は、司法書士自身にとって想定を超えるものであり、「虚無感」や「敗北感」に襲われ、法律実務家として築き上げてきたものを根底から失ってしまったと感じてしまう者もなかにはいる。

その意味では、「自死問題」は司法書士にとっても他人事ではない。司法書士自身にも大きな影響を及ぼしているのである。

未遂を含む自死行動を体験した法律実務家には、「なぜ？ どうして？ 何がいけなかったのか？」ということが、日常の業務のなかで何かにつけつきまとう。

現在では、国の機関や大学の研究者、臨床の現場、学術団体等の実態調査から、自死企図者の行為の背景には、少なくとも「複数の危険因子（＝自死の契機となりうる直接的な原因）が存在している」と理解されつつある。

危険因子は、司法書士等の法律実務家にとって、日常業務のなかで目のあたりにする依頼者の法律相談の内容そのものである。つまり、多重債務以外に本人が背負っている労働問題等の諸問題

（＝借金問題の背景）のなかにも、複数の危険因子が含まれているのである。

そのため、司法書士等の法律実務家は、法律問題を抱える人の負荷要因をみずからも背負いながら問題解決に向けての行動や方策をとることになる。その意味では、法律問題を抱える本人の疑似体験をしていると言っても過言ではない。

実務現場で苦慮するハイリスク者対応

司法書士の実務現場において、ハイリスク者の借金問題の処理をする過程で現れてくる困難な場面とはどのようなものであるか。実際の事例から一部を紹介する。なお、個人情報保護の観点から、内容は一部変更してあるのでご了承いただきたい。また、ハイリスク者という用語は、「自死の危険性の高い人」という意味と捉えていただければ結構だ。

ある精神科医から双極性障害（躁うつ病）に罹患している方の債務整理の依頼があった。医師の話では、罹患歴は約二〇年、本人の特徴としては、感情の起伏がたいへん激しいということであった。ただし、約束ごとは守るので、診察は必ず決めた日に来るということであった。

現実に事件を引き受け、依頼者との面談に入ると、当初は意外に安定した穏やかな感じに見て取れた。この依頼者は、実の姉が献身的に見守り支援をしていたため、そのことが感情の安定に大きく寄与し、本人自身「孤立状態」には至っていないのではと思われた。

一般的に希死念慮の強い依頼者は、家族や友人・知人からも孤立し、故意なのか、無意識なのか、みずから人とのつながりを断ち切り、自身を「孤立状態」に陥れようとする。

しかしながら、法律実務家の事務所や行政等の相談場所へ訪れるのは、ある意味、両価性といわれる「死にたい。でも、生きていたい」との強い思いが顕著に表れている状況と解釈できる。そのため、相談を受ける側は、つねに頭の隅に「両価性」の存在を置いておくことが重要なのである。

本事例の場合、当職としては、まず依頼者本人との信頼関係の構築を最優先とし、多重債務整理のための聞き取りは徐々に進めることにした。また、信頼関係を構築していく過程で、本人に希死念慮が残っていることも確認することができたため、以降は、互いに得た本人についての情報等を主治医と詳細に共有し合うことにした。

本事例の借金借入には大きな特徴が見受けられた。具体的には、平成某年、極端な躁状態に陥り、激しい感情が実の姉以外の周りの人に向いてしまい、その影響のためか、本人は勤務先を自主的に退職。妻とも離婚し、自宅を売却するという行動に出た。また、同時期、本人の思いつくまま、複数の新たな事業の立ち上げを画策し、そのための会社を複数設立した。開業に必要な資金等は、みずからの退職金と不動産を売却した代金の一部を充てている。さらには、複数のカード会社等と契約して多くの物品を購入し、キャッシングでの借入分は自己啓発のための学習教材費や遊交費を含めた浪費に充ててしまっていた。

これらの費用以外にも、当職の調査の結果、正確な金額は把握できなかったが、本人が支出した多額の使途不明金があることも判明した。

しかしながら、本人自身は躁状態であったために、どこの店から何を購入したのか、もっといえばカード会社と契約をしたこと自体の記憶がなく、支払が滞って各債権者からの請求書が送られてきて初めてそれらが判明する状況であった。新たに設立した会社等の事業もすべて中途半端な状態で、結局、何一つ新規事業として開業されたものはない。

この当時、本人の行動・発言等には一貫性がなく、判断能力も大幅に低下、周りとの人間関係も攻撃性からか崩壊し、本人の評価や信用は完全に失墜してしまっている状態であった。

このような状況から、債務整理の方針は自己破産と免責の方向で固まったが、多額の使途不明金、浪費等の判明で、管財事件としての対応も視野に入れざるを得なかった。

最終的には、本人の生活の糧は障害年金（精神障害二級）のみであり、双極性障害の寛解はすぐには困難なため、通常の仕事に就ける見込みも立たない等の事情を裁判所が考慮し、自己破産および裁量免責で終結した。

ただ、当職との関係では、破産・免責の申立をする過程でも、本人の急激なうつ状態と躁状態の病状が出現し、当職に対する本人からの昼夜を問わない嫌がらせや罵声等もあり、一時、辞任も考えたが、本人の主治医と密接に情報共有するなかで、主治医からの当職に対する適切なアドバイスや対処法、そのときの本人の状態に則した治療が功を奏し、債務整理の処理は最もよい形で終了した。

このような事例の場合、当職一人での対応では、心身とも疲弊し、事件処理が継続できない可能性が高い。主治医との適切な情報共有や連携があってこそ、最後まで事件処理が可能となったのである。

地域における支援体制の方向性と課題

前述の事例では、本人にとっては、自死の危険因子の一つである「借金問題」がなくなっただけで、その他の問題である双極性障害への苦悩、家族や職場を失った喪失感、自分の居場所がない・生きがいが見出せない絶望感や無価値感、障害年金のみに基づく生活で先がみえない不安感、近隣住民との人間関係が構築できない孤独感等、多くの問題が残ったままである。

これらの問題には、本人の地元の保健所やさまざまな専門職能者間のネットワーク、民間支援団体、自治会、家族や親族等といった「地域社会全体」で役割を分担して、「生活支援」や「見守り支援」を継続していく体制を整えることが重要となってくる。そのためには、セーフコミュニティ的な高い意識をもち、地域社会全体の問題として支援体制を各地域の実情に応じて構築することが求められる。

注意すべきは、希死念慮のあるハイリスク者を、家族や友人だけで支援すると共倒れの危険性があることである。ましてや、一人の「ゲートキーパー」だけで希死念慮の高い本人とかかわるのは、あまりにもリスクが大きすぎる。

したがって、各地域で包括的な支援体制を組むにあたっては、本人との距離感をうまく保つ対策や各支援者のできること・できないことを明確に分け、地域社会内のさまざまな支援者と協働し、可能な限りリスク分散をしながら「寄り添い型本人支援」体制を構築することが、何よりも今後の重要課題である。

8
児童養護施設で出会う「死にたい」

内海新祐
Utsumi Shinsuke
川和児童ホーム／臨床心理学

はじめに

こういうところに文章を書くと、子どもの「死にたい」への対応のエキスパートか何かのように思われるかもしれないが、私はこの問題に対する手練れとは言えない。緊迫した「死にたい」に日々対峙しているわけではないからである。何年か前、何の拍子でか、自殺対策の専門家でもない私が自殺対策関連のシンポジストの一人を務めることになったのだが、その際発言したこともそういう内容だった。

「私たち職員は『さあ、今日も子どもが自殺しないようにしよう』という目標を日々掲げて仕事をしているわけではありません。『これは身につけてほしい』『ここは少し変わってくれないと』と思いながらかかわり、『やがてここを出てからやっていけるように』と願いながら仕事をしています。それらが総合的に実を結んだとき、結果として自殺予防になっているのだろうと思います」

だが、それだけで済ませた甘さに罰が当たったに違いない。この数ヵ月後、私たちの施設は救急医療を要するようなケースを複数立て続けに経験することになる。大枠としては、そんなに間違ったことを言ったわけではないと今でも思っている。しかし、シンポジストを引き受けた理由について、「考えてみれば施設に来る子は結構なハイリスクだと思い、この機会に学びたいので」などとそれらしいことを述べておきながら、その実、死はまだ他人ごとだったのだ。その行為自体は、死ぬための自殺企図というより、生きるための自傷の延長と言うべきものではあったろう。だが、

「メメント・モリ」は自分だけに適用される言葉ではないのだと、そのとき思った。だから、どこか恐れがつきまとう。こんなテーマで文章を書いておきながら、子どもが死んでしまったら……？　そうなったら、まったくもって目も当てられない。だが仕方ない。このテーマに向き合うことは、職場にも私にもたぶん必要なことなのだ。手練れならぬ自分に今書けることを書いてみたい。

児童養護施設で出会う「死にたい」

「死にたい」と書いたが、ここでは少し幅を広げて「死にたいほどの気持ち」としておこう。児童養護施設に入所してくる子どもが経験してきた過去は、そういう気持ちを抱いてもおかしくない、というより、そういう気持ちを抱かないほうがおかしい、と思わせるような事象に満ちている。虐待、ネグレクト、親族の自殺（未遂）、その目撃あるいは伝聞、家族の精神疾患、物質乱用、日常的な暴力（ＤＶ）の目撃、両親の別居・離婚、相次ぐ転居、親族と離れて生活していること……。もちろん、個々の強弱やどれくらい累積しているかは子どもによってまちまちだが、一般に将来の自殺のリスク要因とされているものの枚挙には事欠かない。その意味では、間違いなくハイリスクである。

にもかかわらず、切迫した「死にたい」という言葉に直接的に向き合うことは、私は日常的にはない。私が例外というわけでは、たぶんないと思う。私たち職員がその言葉を向けるに足る相手と見なされているのかどうかはもちろん問われるところだが、入所中は何のかんの言っても、多くの手と目に護られており、そこまで切迫せずに済むというのもあるだろう（施設内にいじめや暴力がある場合は別だが）。それでも、彼らの「死にたいほどの気持ち」を感じる局面はある。以下にそのいくつかを述べる。

1―圧倒的体験としての「死にたい」

私が子どもの「死にたいほどの気持ち」をもっともヴィヴィッドに感じるのは、小学校一、二年生くらい、高くて四年生あたりまでである。今現在の気持ちとは限らず、施設に来る前に体験してきたであろうそれを、プレイセラピーでの表現に垣間見る。たとえば、小学一年生とのプレイのなかで、私（の扱う人形）が宇宙の闇に飛ばされ、上空から落下して頭を強く打ち、身体をがんじがらめに縛られ大蜘蛛に食われそうになるなど、執拗に攻め続けられるとき。また、小学三年生が箱庭のなかで私（の扱う人形）を虫けら同然に扱い、延々と苛み続け、〝私〟のあらゆる怒りも嘆きも抗議もまるで力をもたず、どこへも抜け出せない世界を繰り返し作るとき。あるいは、小学二年生がミニチュアの踏切を置き、私（の扱う人形）はなぜか吸い寄せられるようにそれを横断しようとしてしまい、やってきた電車に轢かれるという場面を何度も演出するとき――。このとき私は、「ああ、こんなふうに死にたいほどの気持ちを味わってきたのだな」などと思うのではない。私自身が救いのない世界のただなかで、「こんなのもうごめんだ！」「このまま死んだら楽になるかも……」と、ただもう実際に出口がないなかを生きるのである。

それが「死にたい」の証拠と言えるのか、証明はできない。彼ら自身は「自分で死ぬ」という発想にはまだ至らなかったのかもしれないし、また、「死にたい」だけでなく、どこかの段階では「殺したい」気持ちもあったかもしれない。だが、それらが綯い交ぜになった、「死にたいほどの気持ち」を体験してきたに違いないと、プレイのただなかでの体験から私は思う。彼らの入所までの経緯を省みたとき、それがもっとも自然なことのように思われる（他にどう理解すればよいのか）。だが、日常の生活場面の彼らの姿からは、それはたぶん感じられない。むしろ気持ちを逆撫でするような言動で人を苛立たせる側になることが多いからである。

子どもが作ったその世界に投入されたとき、私はどうしたか。「なんでこんな目にばっかり遭うんだ」「もう嫌だよぉ！」「これはもうしんどいわぁ……」など、時々必死に口にしたり、本気の本気で「やめて!!」と言ったり、苦しんでいる自分の心境を実況してみたり、あれこれ悪あがきしながらも、翻弄されていただけのような気がする。それでも、私自身は仕事仲間や勉強会仲間に支えられており、そうこうするうちに彼らの作る世界もやがて変わっていった。悪あがきする私の姿に、自身のこころを見出すような部分も少しはあったろうか。だが、彼らの表現の転機が何だったのか、本当のところはいまだによくわかっていない。

2 ― 乾いた「死にたい」

私の経験の範囲内だが、施設内で行うプレイセラピーにおいては、前述のような表現は遅くとも小学五年生くらいになると消退していく。プレイのなかで「死にたいほどの気持ち」にある程度触れることができたかもしれないと思える場合もあるが、地下水脈に入ってしまうかのような印象もある。小さい頃からいる子でもそうであるが、小学校高学年以降の入所ともなれば、そうおいそれと「死にたいほどの気持ち」を示してはくれない。遊戯のなかの表現でもそうなのだから、言葉となるとなおのことである。言ってもいいのにと思いもするが、言ったら言ったで、それが出てくるときは日常生活のとくに重大でもない場面で、しかも妙に乾いた真剣味のない口調なので（「あー死にたい、死にたい」「いいよ死ぬから」とか）、いきおい大人側も「そういう重い言葉を軽々しく使うんじゃないよ」といった反応になりがちになる。客観的に見て重い過去をもたない子は一人もいないので、重く受け止めようと思えばいくらでも重く受け止められるのだが、その言葉に反応して「今、死ぬって言ったけど、もう少し気持ちを聞かせてくれる？」などと逐一つかまえるのはバカバカしく、もしくは白々しく感じられてしまうのである。気が殺がれるというべきか。あるいは、あれだけの過去をもっているのに、なんだよ、結構明るくやってるじゃないかと拍子抜けをしたり、そこに救いを感じて（求めて）しまっていたりする節もあるかもしれない。

このような「死ぬ」にもいろいろある気がするが、私がとくに気になるのは、「死にたい」という積極的な意志を感じさせない代わりに、「よりよく生きたい」という意欲も感じられないものである。ことさら無気力というわけでもないのだが、「どうせ……」といった空漠さがある。困窮してもがくこともせず、そのまま死んでしまうのではないかと思わされる。

こういうものへの対応は、生活をともにしている職員がもっぱらやっている。「死ぬ」という言葉やその状況をバカにしたりはしないが、その場で無理に扱うこともしない。それとは別場面で、進路や試験、部活やアルバイトなど、本人にとって多少なりとも重要な意味をもつ選択場面を利用しながら、これまでの不本意さや苛立ち、未知の領域に踏み込む恐れや評価されることの怖さ、これから生きていくことへの不安等に触れていっている。もちろんそういう面ばかりではなく、稼ぐことの喜びや一歩踏み出せた驚きなどもともにしている。

3 言葉を媒介しない「死にたい」

冒頭に述べたものも含め、救急医療を要したケースはいずれもその行動の理由が明瞭でなかった。記憶が曖昧である場合もあれば、自分でも漠としか掴めていない場合もあった。自分を大事とは思えず、そもそも自分の内側に生じる感覚に目を向けることに価値を置いていない様子だった。「死にたい」という言葉も、それにまつわる情感も〝すっ飛ばして〟行動に及んでしまった感がある。

もっとも、私たちとしてもまったくの青天の霹靂というわけではなかった。典型的と言ってよい危険因子は十分すぎるほどあったし、どのケースも一定の関係を積み重ねてきた経緯のなかで起きた側面があると思えたので、「死にたいから」というよりも「(死にたいほど)苦しいから」行ったと考えたのだった。精神科医療につながること、薬や刃物の管理は大人がすることを子どもと確認した一方で、基本線としては責めも叱りもせず、また、なるべく腫れ物に触るようにもせず、「よく覚えていないなかでこういうことがあるのは怖いよね」「よくわからないモヤモヤとか、イライラとかあったかも？　そういうのがあったら教えてね」と、〝あなたが感じていることには意味と価値がある〟と大人が考えていることが伝わるようなかかわりをこころがけた。「死にたいほどの気持ち」と「行動」との間に少しずつ言葉や感情や記憶が増えることを願い、カレンダーや手帳などを媒介にした一日の振り返りなども生活をともにしている職員を中心に行った。まだ印象に過ぎないが、そのようなやりとりがうまく積み重なると、恐れや怒りなど、ややネガティブな色合いの心情も、少し言葉にできるようになってくる感がある。

おわりに

入所中の子どもに〝死なれた〟経験をもつ職員はそうはいない（私の知る範囲ではいなかった）が、これまで見てきたように、児童養護施設に来る子どもは死に近しい心性を、おそらく平均的な子どもよりは多くもっていると思われる。ただ、入所中においては、それはたいてい潜在している。彼らの自殺リスクが実際に高まるのは、頼れる仲間も大人も身近にいなくなった退所後からだろう。それを少しでも減らすには、入所中に何らかの形で「死にたい（ほどの）気持ち」に触れておくことや、「生きるのも悪くない」「人とつながってよかった」という体験をすること、そして退所後もつながりを持ち続けるよう努めることが大切であるように思う。

とはいっても、職員は子どもの自殺をつねに警戒しながら生活しているわけではないし、それが正しいと思う。「普通に暮らすこと」を旨とする子育ての施設なのだから、どんな経験を積んでもらうか、どう伸びていってもらうか、何を身につけさせるかなど、成長に向けた肯定的な糧を積むことが基本課題であることにやはり変わりない。

だが、その背面で死の影をうっすらとでも想うこと、少なくとも忘れ切っていないことは、その課題を充実させるうえで必要であるように思う。いや、必要というより、そもそも生きるということには普遍的にそういう面が内在しているのではないだろうか。だから、子どもだけではない。職員も自身の死を通奏低音のようにどこかで想うべきなのであろう。実際、それはふとした日常の裂け目に顔を覗かせることもある。かつて、数ある職業のなかでも精神科医の自殺率は高いと聞いたことがある（本当だろうか？）が、施設の職員はどうなのだろう。離職率の高さからすると、多くの場合は死ぬ前に辞めるのだと考えられるが、私は以前、ある施設の職員の危うい場面に遭遇したことがある。それは、〝死神に連れていかれそうになった〟とでも言うほかないような状況であった。こんなことはないに越したことはないが、生きるなかでときに避けようもなく出来してしまうものであろう。契機は何であれ、同僚や自身の死を忘れ切っていないことは、子どもたちの「死にたい」の傍らにいられるようになるための必要条件であるかもしれないと思う。

9
困難を抱える女子中高校生への支援の現場から

仁藤夢乃
Nito Yumeno
一般社団法人Colabo

はじめに

私が代表を務めるColaboでは、一〇代女性を中心に、虐待や性暴力被害に遭うなどした少女たちを支える活動を行っている。夜の街で家に帰れずにいる少女たちへの声かけや、渋谷と新宿の繁華街で一〇代無料のバスカフェ「Tsubomi Cafe」の開催、食事提供や宿泊支援、SNSなどから寄せられる相談への対応、児童相談所や警察、病院などへの同行支援、緊急時に避難できる一時シェルターや暮らしを支える中長期シェルターの運営などを行っている。

私も二〇〇〇年代に中高生だった頃、父親のDVや母親のうつ病、両親の離婚、虐待などから、家が安心して過ごしたり眠ったりできる場所でなく、街を徘徊する生活を送っていた。そうした少女たちに街やネットで声をかけるのは、手を差し伸べようとする大人ではなく、買春者や性産業へのあっせん者ばかりだった。それ以外に、自分に関心を寄せてくれる大人はいないと感じていた。「死にたい」と願い、飛び降りられそうなビルの屋上を探したり、自殺の方法についてネットで検索したりしていた。

公園にたむろしていたとき、警察官に「こんな時間に夜遊びするな、早く家に帰りなさい」と言われ、「帰れるなら帰りたいよ」と内心、泣きたい気持ちだった。暴力や支配のある環境で生活していると、いつも緊張状態になる。たとえば、放課後家に帰っても、リビングのソファでリラックスできるということはなく、家族の足音にびくびくしたり、お風呂や洗面所、キッチンなどの共有スペースを使うのにも気をつかった。

家で安心して眠れない日が続くと、学校への遅刻や授業中の居眠り、欠席が増え、教員からも注意されるようになった。なぜ眠いのか、ご飯をちゃんと食べられているのかを想像して声をかけてくれるような教員はいなかった。そして、周囲の大人たちからあきらめの目で見られていることも敏感に感じとっていた。

親への感謝の強要をやめて

私が周りの大人に家で起きていることを打ち明けなかったのは、「親を悪く言いたくない、悪く思われたくない」という想いがあったからだ。

現在、二分の一成人式など「親への感謝を強要」するプログラムを導入する学校が増えていて、それがつらかったと話す子どもたちにもよく出会う。私も学校教育のなかで、「家族は支え合うもの」「親には感謝を」と教えられ、子どもの安全や権利を侵害したり虐待したりするような親であっても、「家族を大切にできない自分が悪いのだ」と思い込んでいた。

また、子どもたちは、虐待してしまう親も、DVを受けていたり、病気や障害があったり、経済的な事情があったりと、親自身が孤立していること、苦労し悩んでいることを一番近くで見ている。そのため、余計に声をあげられなかったり、「家族を支えなきゃ」と思い、共依存になってしまうこともある。

たとえ、「愛しているから」「あなたのためを想ってのことだから」と親に言われても、「子どもの安心や安全が脅かされること、暴力はいけない」と、自分の権利や人権について、小さい頃から教えられていたらよかったと思う。

「死にたい」と言えることはいいこと

「死にたい」と思うのは、生きているのがつらいほどの苦しみを感じているときだろう。私が出会う少女たちは、助けを求めようとしたときに援助者から傷つけられたり、裏切られたと感じる経験をしたりしている場合が多い。その結果、大人は信用できない、大人には期待できないという気持ちを強くもち、これ以上傷つかないために、人に期待することをやめている。

「もう子どもじゃないんだから、自分でなんとかしなさい」と言われたことから、誰かの援助を受けることを悪いことだと思い込んでいる少女たちもいる。困難に直面し、一人で解決しなければいけないと考えた結果、誰にも相談できずにいる。自立とは、たった一人で立つことではない。頼り先をたくさんもち、さまざまな人とのかかわりのなかで生きられるようになることも、自立に必要な力だと伝えたい。

一九歳や二〇歳の誕生日に自殺を計画する人もいる。「一八歳までしか児童福祉の対象じゃないから、もう助けてもらえる可能性はなくなった」と思ったり、「このまま大人になってもいいことなんてない、成人する前に死にたい」と考えたりする子どもたちである。誕生日に死のうと考えたとき、「ふと夢乃さんのことが思い浮かんだ」と連絡をくれた子が何名かいる。直接やりとりをしたことはなかったが、私のTwitterをフォローしていたことから、「あんな活動をしている人もいたな」と思い出したという人や、最後に私にエールを送ってから死のうと文章を考えているうちに自分の存在を知ってほしくなったと、ブログのメッセージ機能から連絡をくれた人もいる。

孤独を感じている人は、誕生日やクリスマス、年末年始など、世間がお祝いムードになる季節に憂うつな気持ちになりがちだ。私もかつて、誕生日になると「また一年、生きてしまった、この先もまたつらいのか」という気持ちになったり、誰か祝ってくれる人はいるだろうかと不安になったり、不仲である家族に祝ってもらえることを期待している自分に苛立ったり、「〇年前の今日、両親は私が生まれて喜んだのかな」「こんな人間になってしまってごめんなさい」と思ったりしていた。誰にも祝ってもらえなかったら悲しいので、「誕生日は嫌い。祝われたいとか思わない」と自分から言っていた。長期休暇や土日祝日もつらかった。学校は休み、親も仕事が休みで家にいる、街には人が多くて居場所がない。さらに、多くの相談機関は休みである。

困難な状況におかれた少女たちが公的支援を受けるには高いハードルがある。「そういう子たちは相談窓口に来ない」と、支援の現場でよく言われるが、あきらめ感が強かったり、自暴自棄になったりしている子どもたちの多くは、「大人にあきらめられた」と感じる経験をしていたり、自己責任の考え方のなかで「自分が悪い」と思い込み、声をあげられずにいる。「逃げるな、甘えるな、おまえのせいだ」などと言われて育ってきたことから、自分が悪いと思い込んでいる人もいる。

「話してくれてよかった」と「よく来たね」

相談者が自分のつらい経験や悩み、不安を話してくれたとき、私は「話してくれて、よかった」と言う。私には、一〇代で自殺した友だちや後輩が三人いるが、彼女たちが自殺を実行する前には、誰にも「助けて」や「死にたい」と言っていなかった。だから私は、「死にたい」と打ち明けられたとき、よかったと思う。

ＳＮＳなどから相談をくれる少女の多くは、連絡をする前に、私のTwitterでのつぶやきや日々の発信をチェックして、「この人はわかってくれそうか」と見極めようとしているはずだ。直接会ってからも、しばらくは信頼できるかどうか試したり、不安な気持ちになったりして、こころ揺れているだろう。

だから私は、自分の話をする。自分も苦しんだ経験があることや、今でも大人への不信感をもち続けていること、それでもわかってくれる大人がいることを知っているし、自分もその一人でありたいと思っていること。そして、すべてはわからないかもしれないが、わかりたい、一緒に考えたいと思っていることを伝えている。そして、Colaboにつながってくれたとき、「よく来たね」と声をかける。
彼女たちと信頼関係を築くために気をつけているのは、「相談者の目線に立ち、対等な関係を意識すること」「感情的ではなく、客観的に状況を分析し、相談者の気持ちに理解を示しながら解決策を提案すること」「守れない約束をしないこと」である。

Colaboでは、出会う少女たちと「支援する／される」関係ではなく、「一緒に考え、行動する」ことを大事にしている。「大人や支援者が、子どもに何かを提供する」という関係ではなく、自身の人生を切り開くのは彼女たち自身であり、彼女たちも一緒に今の状況を変えていく、社会を変えていく仲間だと考え、対等な関係性を大切にしている。互いを尊重し合える関係性を築くには、どちらかが目線を下げるという発想ではなく、「一人の人」として接することが大切だ。そして、援助者が、対等になりきれないことを自覚したうえで、対等な関係性を築けるように意識して活動すること。間違ったことをしてしまったときは、反省して謝り、変わろうとすることが必要だ。

今の日本社会には、対等な関係性に触れたり経験したりする機会がとても少ない。支配や暴力のある環境で育ち、「自分の意志や選択が尊重される」という経験の乏しい人も多い。自分の気持ちよりも、相手にどう思われるか、殴られないか、などと考えざるをえなかったために、自分が今日食べたいものは何か、好きなことは何か、これからの人生をどう生きていけばいいか、ということがわからない状態の人も少なくない。

「売春」という自傷行為——社会的な構造に目を向けて

Colaboへの相談者のなかで私が把握するリストカットの経験者は八割を超える。他にも、タバコを腕に押しつける、身体をひっかくなど、すぐには命の危険はないものから、死の危険を伴うような行為に至る人もいる。その多くは、小中学生のうちから何度も自傷を繰り返していて、「小さな傷では痛みを感じられなくなった」「強い刺激でないと感情が戻ってこない」などと言い、身体に深い傷を残している。

そうした少女のつらさが爆発したとき、より危険な行為や自殺未遂に発展することもある。たとえば、動脈を狙って首を切る、お腹に包丁を刺すなどである。オーバードーズする人も少なくない。初めは、つらいことがあったとき、酒と頭痛薬を同時に飲み「ふわふわした状態で、自分が何者なのかわからなくなって気持ちいい感じ」で眠っていた少女が、それがないと眠れなくなり、どんどん酒や薬の量や種類が増えていくこともある。

「売春」を自傷行為のように行う人もいる。虐待や性暴力を受けた人にとって、自分が被害を受けたと認めるのはつらいことである。自分を責め自暴自棄になって、不特定多数と避妊をしないセックスをするようになったり、父親からの性虐待を「たいしたことない」と思うためにみずから「売春」を繰り返すようになる少女もいる。そうすることで「さみしさが一瞬うまる気がする。孤独感が一瞬でもやわらぐ」と語る少女は少なくない。しかし、そうした経験をもつ人のほとんどが自殺未遂も経験している。

自傷は今すぐに、簡単にやめられるものではない。自傷の背景に目を向け、つらさをやわらげる方法はないか、他の方法で気持ちを落ち着けられないか、一緒に考えたい。

少女たちがSNSで「死にたい」「家にいたくない」とつぶやくと、一〇分もあれば二〇人ほどの男性から「泊めてあげる」「サポートします」「うちに来たら?」などと連絡がある。孤立した少女たちを探し、つながろうとしているのが、手を差し伸べようとする大人ではなく、彼女たちを利用しようとする大人ばかりなのが現状だ。

「事件になっているような危ないことはしないので安心してください」などと言って誘い出す手口も多く、少女たちとつながった男性のほとんどが性暴力をふるう。加害者が少女にお金を貸したり、住まいを提供することを理由に、性行為や「売春」を強要することや、性的搾取にあっせんする業者も数多くいる。これはセーフティネットではなく、女性を商品化し、性的に消費し、搾取するための手段だ。困っている少女たちが、支援につながる前に、危険に取り込まれている。

しかし、日本では、児童買春について、「援助交際」という言葉で、大人から子どもへの援助であるかのように、そして「気軽な気持ちで足を踏み入れる少女たち」という文脈で語られてきた。そこにあるのは「援助」や「交際」と呼べる関係性ではない。「そうせざるをえなかった」と語る少女たちの背景には、社会福祉が機能していない現状があり、少女たちの性が商品化されるのも、女性差別の社会的構造と長い歴史があるからだ。

しかし、日本では多くの人が、「家出」や「援助交際」を子どもの非行問題として、子どもに責任を押しつける扱いをしている。これは、子どもの問題ではなく、「大人の問題」だ。「死にたい」気持ちを抱える子どもたちに対しても、「どうしてそんなことを言うの」と責めるのではなく、相談者の気持ちを理解しようとするとともに、そのように追い詰めてしまう社会的な構造にも目を向ける必要がある。相談者にとっても、自分のおかれた状況を客観的に捉えることは、自分を責め、死にたい気持ちをやわらげることにつながる。

「自分を大切に」に追い詰められる子どもたち

「自分を大切にしなさい」という言葉に追いつめられる子どもたちがいる。「自分を大切にしたい」と思えるのは、大切にされた経験があるからだ。自分を大切にしたいと思えなかったり、「大切にする」とはどういうことなのかわからない状態にあったりし、苦しんでいる人も多くいる。「親からもらった命なんだから」「誰しもが愛されて生まれてきた」と説く援助者もいるが、愛されていると感じずに育ってきたり、親から「死ね」と言われてきたりしている子どもたちには響かない。

私は、相談者が泣いたり、怒ったり、感情的になっているときにこそ、冷静に対応することをこころがけている。気持ちへの理解を示したうえで、何が苦しいのか、何は変えられる可能性のある困難で、何は変えられない困難なのかを一緒に整理する。今の状態のままでいることの危険やリスクを伝え、どんな対処法があるのかを提案する。家を出たほうがよいのか、定期的に話ができるところが必要なのか、考えるための場所や時間、機会や関係性が必要なのか、など。押しつけるのではなく、相談者の意見を聞き、アドバイスをしながら、最終的には自分で選択してもらう。

他の相談機関や病院の受診を勧めるときには、紹介の仕方にも気をつけている。「ここに行ってみたら?」と言うだけではなく、「ここにはこんな医師がいて、私も信頼してる人だから会ってみない?」と話し、同行する。一度顔を合わせておくことで、緊急で困ったときに相談できる関係性をつくることができ、医師の見解を聞くこともできる。

地方の少女からの相談などで同行するのが難しい場合にも、信頼する医師に連絡したり、駅からのルートを調べてＬＩＮＥで相談者に伝え、到着するまでを見届ける。小さな不安やきっかけで相談をあきらめることのないよう、初回や緊急の場合はとくに気をつけて、後押しと見守りをしている。

理解ある大人との出会いを増やすことで、「大人って、うちの親みたいなのがすべてだと思ってたけど、応援してくれる人っているんだ」とある少女が話してくれたこともある。

私の力だけで「救う」ことはできないと伝える

一方で、一緒に考えることはできるが、私一人の力で「救う」ことはできないということも伝えている。援助者の想いや言動だけで状況を変えることは難しく、他の人の力を借りることや、相談者自身の選択や行動が不可欠だ。私は、無理に前に進もうとしなくていいときもあると考えているが、「相談しても何も変わらなかった」と焦りを感じる相談者もいる。また、援助者の期待に応えようとして、相談者が自分の意思に反して動こうとすることもある。

あるとき、相談者に「信じてくれてありがとう」と言われた。何について？ と聞くと、「変われる、『売春』や自傷をやめられるって、ここまで信じてくれた人は初めて」と言われた。そのとき、私はこう伝えた。

「これまであなたが経験してきた苦しい経験や、今ももがきながら生きようとしていることは信じているけど、簡単にやめられるとか、変われるとか、そういう期待をしているわけじゃないよ。やめたい気持ち、変わりたい気持ちは信じているけど、簡単ではないと思う。この先も、つらくなったり衝動的になったりして、自分を傷つけることはあるかもしれないなって思う。もちろん、それは少ないほうがいいと思うけど、すぐにきっぱりやめられる！っていうほうが珍しい。だから、もし、そういうことがあっても、自分を責めたり、夢乃さんを裏切っちゃったとか思う必要はないから。あきれたり、見捨てたりしないからね。それも含めて、どんなことがあっても一緒に考えたいと思っているよ」と。

当事者同士での支えあい

Colaboでは、食卓を囲む機会や、少女たちによる活動を大切にしている。食事提供は、「今度ご飯食べに来ない?」と誘ったり、食事しながら会話したりすることで、相談へのハードルを下げることにもつながる。「誰かと食べるご飯っておいしい」と感じることが生きる糧になったり、スタッフや他の少女たちとの関係性づくりの場にもなる。私に話しにくいことができたとき、他の人に打ち明けられる関係をつくることにもつながる。

相談者同士のつながりをつくることも大切だと考えている。少女たちが顔を出すことのできる場をつくり、年に数回合宿を行ったり、夏祭りなどのイベントに出店したり、自分たちの想いを伝える活動を行っている。彼女たちは、何も言わなくても、互いがつらい経験をしてきたこと、「死にたい」と思ったことがあることを前提として付き合っている。

虐待や買春被害を経験した一七〜二〇歳の少女とのかかわりを通して、一五歳の少女が「同じような人がいたんだって安心した。みんなに出会ってなかったら、死んでいたかもしれない」と話した。その言葉を聞いて、年上の少女たちも自分の存在意義を感じつつ「生きていてくれてよかった」と声をかけ合う。

自傷したことを後悔する少女がいたときには、他の少女たちが、自傷したくなりそうなときにはトイレ掃除をする、お風呂に入浴剤を入れて浸かる、歌う、日記に今の感情を吐き出す、絵を描く、切り絵をする、運動する、ストレッチをする、料理をする、誰かに言われて嬉しかった言葉をノートをつけておきそれを見る、音楽を聴く、散歩に行くなどしてみてはどうかと、自分の経験に基づいたアドバイスをしていることもある。困難を抱える子ども同士につながりをもたせることにリスクはあるため、援助者が見守り、適度にかかわることも必要だが、彼女たちがつながることで生まれる関係性が、回復のためにも重要だと考えている。

活動について、「具体的な成果は？ どのような成功事例がありますか？」などと聞かれることがある。相談者に「明日も生きてみてもいいかな」「また相談してみようかな」と思ってもらえることこそが成果なのかもしれない。私が「死にたい」と思わなくなった日は突然来たのではなく、いろいろな人とのかかわりや経験のなかで、だんだんそう思う回数が減り、いつの間にか、ほとんど思わなくなっていた。私たちの活動の目的は、何かを解決することではなく、助けを求められない状況にある少女とつながり、伴走することそのものである。

読者のみなさんはきっと、私たちが出会えない子どもたちにこれまでに出会い、これからも出会っていくだろう。何か気になることがあったとき、気づいて動ける大人になってほしい。そのときには、周りの人と協力関係をつくり、使える支援を使い、自分だけで抱えないことも大切だ。「出会ってよかった」と子どもに思ってもらえる大人になる努力をそれぞれの現場でしていただき、私たちに力になれることがあれば、日本全国どこからでも、ご連絡いただけたらと思う。

10

HIV陽性者支援の現場から

——MSM(男性とセックスをする男性)への支援を中心に

生島 嗣
Ikushima Yuzuru
NPO法人ぷれいす東京/社会福祉学

はじめに

私が所属するＮＰＯ法人ぷれいす東京は、ＨＩＶ検査前後の不安についての相談や研究・研修プログラムの提供、そして、ＨＩＶ陽性者やパートナー向けの相談活動、グループ・プログラムの提供を行っている。私は相談員として、ＨＩＶに感染した人（ＨＩＶ陽性者）、そのパートナーや配偶者、家族からの対面による相談を担当している。相談者の属性は男性が多く、その九割以上が男性同性間の性行為で感染した人たちである。

ＨＩＶはＬＧＢＴのうちとくにＧ＝ゲイとＢ＝バイセクシュアル男性に関連が深く、さらに近年ではＴ＝トランスジェンダー（自分の性別に違和感がある人）のうちのトランス女性（Male To Female：ＭＴＦ）にも関連が深い。また、トランス男性（Female To Male：ＦＴＭ）で性の興味が男性に向いている場合にも身近な病気だ。レズビアンの人たちにとっては、女性同性間のＨＩＶ感染は国内で少人数だが報告されてはいるものの、友人のゲイ男性の感染として出会う場合や、人工授精などで友人のゲイ男性から精子を提供される際に直面したという相談事例がある。

ＭＳＭ

ＭＳＭ（Men who have Sex with Men）という言葉をご存知だろうか。ＨＩＶの領域では広く使用されている概念だ。ただし、当事者たちは使用しない言葉なので、相談場面では用いないほうがよい。MSMは本人のセクシュアリティの自認に関係なく、「男性とセックスをする男性」という行動に着目した集団をあらわす。当然、MSMのなかには、ゲイ男性、バイセクシュアル男性と自認する人たちも存在するが、自分の性的指向を決めたくないと答える人たちも含まれるし、異性愛者と自認しているが性的な快感を得る手段として男性と性行為をするという男性や、仕事と割り切って性的なサービスを男性に提供している男性もいて、性のありようは本当に多様なのだ。HIV領域では、ターゲットとするリスク集団を指し示す文脈で、MSMという表現が国際的にも広く使われている。

男性とセックスをする男性（MSM）がどのくらい国内に存在するか探るため、いくつかの調査が実施されている。その一つに、二〇〇九年に市川誠一（人間環境大学）らが行った住民台帳のサンプリングデータを使った調査[1]がある。これによると、成人男性のうち二・七％がMSMであると報告されている。五〇人の男性がいれば、そのなかに一～二人のMSMが存在するという結果である。

生育過程の影響について

二〇一三年に来日したゲリー・グロスマン博士（カリフォルニア大学サンフランシスコ校）は、「HIV感染がゲイ男性に及ぼす心理的インパクト」という講演のなかで、幼少期の親の何気ない振る舞いが子どもに与える影響について言及していた。「親がどのようなぬいぐるみを子どもに与えるのか、将来の夢、たとえば、恋愛や結婚のイメージについて、どのように語るかが、子どもの無意識に影響を及ぼす」と語っていた。

日高庸晴（宝塚大学）が一九九九年に実施したインターネット調査[2]（一〇二五人が回答）によると、「ゲイであることをなんとなく自覚した」平均年齢は一三・一歳、ゲイ男性と初めてセックスした平均年齢は二〇・〇歳、ゲイの友だちが初めてできた平均年齢は二一・六歳、ゲイの恋人が初めてできた平均年齢は二二・〇歳だったという。このデータから、性的な関心や興味が生まれ、やがて性的な行動が起き、経験を積むという過程が見てとれる。しかし、そのプロセスは、個人の秘め事として、秘密裏に行動に移されることが多い。やがて、しばらくの時間を経てゲイの友だちができ、ゲイの恋人ができるというステップを踏むようになる。しかし、すべての人が順調に人間関係を広げるわけではない。

さらに、日高によると、全体の五九・六％に「ホモ・おかま・おとこおんな」という性的指向に関連する言葉の暴力被害経験があり、一五・一％に自殺未遂の経験があり、（初回）自殺未遂年齢は平均一七・七歳と報告されており、多感な時期に教師も家族も知らないところで、精神的な危機を迎えている若者たちが存在することを示している。

ゲイ男性の多くは、若年期に性のめざめがあり、家庭や学校で見聞きする周囲の男性と自分の違いに気づき、一時的なものだと思いこんだり、揺れながら過ごす時期がある。家族の望む期待（女性との結婚や子づくり）には応えられないため、その事実を周囲に秘密にし、時には自己否認をして無視することがある。こうした状況がメンタルヘルスの悪化につながる場合もある。

HIVと日本の社会

一九九六年にＨＡＡＲＴと呼ばれる多剤併用療法が開発され、それ以降、ＨＩＶ感染による死亡は激減した。現在では、副作用が少なく服用回数も少ない薬剤が提供されている。また、薬害エイズ裁判の和解で障害認定の対象となり、前年の所得に応じて、月額〇～二万円の自己負担で最新の治療へのアクセスが保証されるようになった。こうした背景から、早期にＨＩＶ感染の診断がされて、治療が開始されれば、感染していない人との寿命の差は小さくなっている。医学的に、根治はしないものの、血液中からウイルスがみつからないレベルに抑えることに成功している。さらに、この状態が半年以上続けば、性行為の相手がＨＩＶ感染することはないことが、いくつかの大規模研究で明らかになった。

しかし、社会のＨＩＶへの理解は進んでおらず、差別や偏見がいまだに市民のなかに根強く残っている。その結果、陽性者本人の内面にも、その周囲の人間のなかにも、ＨＩＶ／ＡＩＤＳへの古い疾病イメージがまだまだ染みついている現状がある。こうした社会環境がＨＩＶ陽性者のストレスを増加させ、就労や学校生活の継続など、社会参加をも阻害している。

ぷれいす東京の研究グループが五年に一度実施している全国のＨＩＶ陽性者の生活実態調査[4]においても、この一〇年間で服薬や通院の負担は大きく軽減され、体調管理がうまくされている一方で、非就労者の割合は二三～二四％とほとんど変化がみられない。これは、職場で相談ができずに、離職・転職で問題解決を図る陽性者が多く存在していることが背景にある。さらに、職場における周囲の人間関係への情報開示については、むしろ言わない方向に変化している。

ＨＩＶ領域で出会う「死にたい／消えたい」

ぷれいす東京に寄せられるＨＩＶ陽性者からの相談のなかで、「死にたい」「消えてしまいたい」という声に出会うことが時々ある。その声の背景には、いくつかの文脈があるように思える。

その一つは、感染を知った直後に起きる心理的な危機だ。ＨＩＶ感染は致死性が高いという古い疾病イメージが強く内面に刷り込まれている場合、支援者には「ＨＩＶ／エイズ＝死」という誤解を解くことが求められる。具体的には、抗ＨＩＶ薬の進歩により、ＨＩＶの増殖を防ぐことができること、専門家である医療者との信頼関係のなかで継続的に治療を続けることで、やがては血液内からＨＩＶがみつからないレベルまで抑えることができるようになることを情報提供していく。その結果、ＨＩＶ陽性者の予後は決して短くなく、長期の就労継続、老後を迎えることが期待できることを伝える。また、希望により、他の陽性者と交流ができるグループ・プログラムへの参加を通して、新たな人間関係を広げることを勧めている。

もう一つの文脈には、社会的な関係性を失うという意味の社会的な死がある。これには、セクシュアリティが大きくかかわっている。「人並み」とは、他者からの視線を意識して感じるものだが、もともとゲイであることを秘密にしている人は、そこにＨＩＶ陽性という新たな秘密が加わることで、個人の問題対処能力を超えてしまう場合がある。自分の感染を知ったら周囲の人たちは自分を受け入れてくれるはずがない、社会のなかでの居場所を失ってしまうと考えるのである。もともとＨＩＶへの差別的な意識がみずからの内面にある場合には、それが自己に刃を向けることになる。

支援機関では利用者の死が見えにくい。医療機関では警察から患者の死亡に関する連絡がくる場合があるというが、私たちのような利用者の任意の申し出による関係性のなかでは、把握には限界がある。ボランティア派遣のような契約関係がある場合には、身体状態が悪化してお別れする場合があるが、近年ではその数は激減している。唯一、事実を把握できるのは、郵便物を送付していた人たちの遺族やパートナーから、郵送を停止してほしいという連絡がある場面だ。その際に、その理由が語られる場合もあれば、そうでない場合もある。

現場で見えていること

二〇一四年四月から翌年三月までに提供した対面による相談サービスは、延べ七二三件である。

図表10-1｜HIV陽性者236人の来所回数と相談内容

	来所回数 1回	2〜5回	6〜9回	10回以上
対面利用・陽性者 合計：236人	143 （うち新規97）	59	21	13
相談内容				
プログラム参加者のための 利用登録者（過去1年）	63	14	3	0
感染判明直後	44	8	5	1
薬物依存	5	12	8	5
メンタル問題	4	15	10	6
就労問題	11	17	8	10
外国人（移住者）	8	3	4	0
何らかのトラブル	6	4	3	1
恋愛	1	3	1	2
ボランティア参加	4	0	0	0

相談者の属性は、HIV陽性者二三六人（男二二四、女一二）、パートナー／配偶者二三人（男一八、女五）、家族五人（母三、父一、姉一）、専門家一四人（男一一、女三）で、HIV陽性者やパートナーのなかの男性割合が高いことがわかる。また、男性の約九割はゲイ、バイセクシュアル男性となっている。

図表10-1は、陽性者二三六人の来所回数と相談内容を分析したものである。単回来所者（一四三人）のうち六七・八％（九七人）が新規来所者で、うち四四人（四五・四％）は感染判明から半年以内であった。以下の相談の主訴は複数選択で、なおかつ年度内に出現した主な内容である。

継続相談では、「薬物依存」「メンタル問題」「就労問題」の三つが大きな割合を占めている。HIV陽性であることに加えて、生活やメンタル問題をあわせもつ相談者のなかに、継続相談のニーズがあることがわかる。

薬物使用の経験者(支援者)当事者へのインタビューから

こうした薬物相談の背景を探るため、二〇一一年にＨＩＶ陽性の薬物依存者への支援に携わる一一人へのインタビュー調査を行った。彼らは過去に薬物使用の経験があり、現在は薬物使用者の回復を手助けしているピアな支援者たちだ。

それによると、ＨＩＶ陽性で薬物に依存してしまう人のなかには、幼児期や児童期に、性的な指向からくる戸惑いのために、こころを許して親に甘えたり頼ったりする経験が十分にもてていないなど、家族や身近な友人に自分のアイデンティティをひた隠しにして、いわば自分に「鎧」を着せてきた人が少なくないという。身近な人に本来の自分自身が受容される体験をもてないことは、こころの成長を阻害する。一方で、同じ仲間だと感じる人に出会った際には、一気にその「鎧」を脱ぎ捨ててしまい、その人との距離を急激に縮めてしまいがちである。普段「鎧」で隠している部分を見せ合える快感も伴って、相手の期待に応えようとし、自分を守るための行動ができなくなるなど、脆弱さを有するコミュニケーションをとりやすく、その結果としてＨＩＶ感染や薬物使用につながりやすいことがあるという。

さらに、異性愛男性は、主に同性集団による非行から薬物使用を開始する傾向があるのに対して、ゲイ男性は出会いの場や恋愛の機会と薬物流通のルートが重複しており、恋愛や性行動の延長線上に薬物がある。そのため、薬物使用から回復したり、薬物の流通現場や他の使用者と距離をとるためには、異性愛者とは異なる困難さがあるとも述べられていた。

また、翌二〇一三年には、薬物使用経験があるＨＩＶ陽性者で、現在はＨＩＶや薬物に関する支援機関につながっているゲイ・バイセクシュアル男性／ＭＳＭの一九名を対象としたインタビュー調査を実施した。

この調査では、対象者の半数以上が就労による社会参加を果たしていたものの、うつ症状など精神健康度が低く、社会復帰や社会適応に影響を及ぼしている人もいた。

また、対象者の多くが使用前から薬物や薬物使用者を目撃していたことで〝身近感〟をもっており、薬物に対して肯定的なイメージを有していた。薬物使用のきっかけは他者から勧められた例が最も多く、なかには本人の同意がないまま薬物を摂取させられた例もあったが、いずれもあまり葛藤がないまま薬物使用を開始するという特徴がみられた。

薬物使用の理由は、主に「苦痛な感情や身体感覚を感じないようにする（麻痺）」と「アイデンティティや関係性に向き合わないようにする（回避）」といった何らかの苦痛や問題のコントロールがあり、直面するストレス等への対処として薬物を使用している状況が明らかになった。そして、どの事例においても、こうした対処を行うことでよりいっそう困難な状況に至っていた。さらに、本調査の対象者の傾向として、他者からの誘いを断れず、薬物使用に関する葛藤が低いことがうかがえた。過去のトラウマ体験等によって他者とのバウンダリー（境界線）が曖昧であることも、その一因であると考えられた。

薬物使用という行動の根底には、単に快楽の追求だけとは言い切れない背景が存在している。セクシュアリティに起因する、「鎧」を着ざるを得ない家庭や学校の環境要因があり、そこから派生するこころの痛みに対する対処行動であるという側面がある。法律で制限するだけでなく、支持的な関係性のなかで認識や行動の変容を支援していくことが求められる。

文献

1　塩野徳史、市川誠一、金子典代他「日本成人男性におけるMSM人口の推定とHIV／AIDSに関する意識調査」『厚生労働科学研究費補助金 エイズ対策研究事業「男性同性間のHIV感染対策とその評価に関する研究」報告書』二一九‐二三八頁、二〇〇九年

2　日高庸晴「MSM（Men who have Sex with Men）のHIV感染リスク行動の心理・社会的要因に関する行動疫学研究」『日本エイズ学会誌』一〇巻、一七五‐一八三頁、二〇〇八年（https://jaids.jp/pdf/2008/20081003/20081003175183.pdf）

3　生島嗣、野坂祐子、岡本学他「薬物使用者を対象にした聞き取り調査―HIVと薬物使用との関連要因をさぐる」『「平成二四〜二六年度厚生労働科学研究費補助金エイズ対策政策研究事業　地域においてHIV陽性者等のメンタルヘルスを支援する研究」平成二六年度総括・分担研究報告書』一八九‐二〇二頁、二〇一四年（https://www.chiiki-shien.jp/image/pdf/H26hokoku/H26hokoku_05.pdf）

4　生島嗣、大槻知子、若林チヒロ編集「職場とHIV／エイズ―HIV治療のこの一〇年の変化」『平成二四〜二六年度厚生労働科学研究費補助金エイズ対策政策研究事業　地域においてHIV陽性者等のメンタルヘルスを支援する研究

「ＨＩＶ陽性者の健康と生活に関する実態調査」支援ツール』一-四頁、二〇一四年（https://www.chiki-shien.jp/image/pdf/HIV_sien_guidebook_2015.pdf）

11

犯罪被害者と向き合う

——「死にたい」とつぶやくとき

新井陽子
Arai Yoko
公益社団法人被害者支援都民センター／臨床心理学

今これを読んでいるあなたは、「この後、交通事故にあう」と思って生きているだろうか？ それとも、「明日、家族が事件に巻き込まれる」と信じて生きているだろうか？ ほとんどの人はそんなことはなく、むしろ「世界はそこそこ安全だ」と無意識の安全感をもって生きていることと思う。しかし、犯罪被害は自分の意思とは無関係に、突然襲いかかってくる。「被害者」と呼ばれる人たちも、その瞬間までは、あなたと同じ「普通の人」だったのだ。

本章では犯罪被害者支援の概観を紹介するとともに、架空の性犯罪事例をもとに、犯罪被害者の死にたい気持ちに向き合う過程について述べたい。

公益社団法人被害者支援都民センターについて

現在、筆者は「東京都公安委員会指定　犯罪被害者等早期援助団体　公益社団法人被害者支援都民センター」に臨床心理士として勤務している。このセンターは、二〇〇〇年に設立された民間の支援センターで、犯罪被害相談員一四名（臨床心理士五名）、犯罪被害者直接支援員八名、精神科コンサルタント医二名で構成されている（二〇一六年現在）。主な活動内容は、犯罪被害（身体犯罪）にあった被害者本人と家族および遺族の刑事手続支援と精神的支援、広報啓発・研究活動、自助グループ支援などであり、すべてを無料で提供している。

近年は、延べ約六〇〇〇件／年の相談があり、その内訳はおおよそ性被害四〇％、交通被害二〇%、殺人一五%、その他二五%である。主な支援に、刑事手続等に関する相談、警察署・検察庁・裁判所等への付添等の直接的支援と、支持的面接・心理教育・心理アセスメント・トラウマ焦点化認知行動療法などの精神的支援があり、チームで支援にあたっている。

女性の性犯罪事例とともに考える

帰宅途中、突然背後から軍手をはめた手で口をふさがれ、抱きつかれた耳元で「大声を出すな、殺すぞ」と脅された。恐怖で声も出ず一瞬で凍りつく。抵抗もできぬまま車に押し込められ、目隠しをされ、口にはガムテープを貼られ、手足を縛られる。乱暴に衣服がはぎとられ、真っ暗ななかで男性の汗臭いにおいが近づいてくる。顔をそむけ、固く目を閉じ、身体を固くして抵抗しても、男は力ずくで脚を開き、私の身体のなかに入ってくる。「助けて」と叫ぶこともできず、窓の外を行き交う人々にこころのなかで必死に助けを求めるけれど、私がここにいることなど、世界の誰も気づかない。もしここで叫んだら、誰かが助けてくれるのだろうか。「どうだ、感じるだろう」と尋ねる男に、うなずく自分がいる。もしここでこの男に気に入られれば、殺されずに済むかもしれない——そんな思いで男の言葉に迎合する。この車から飛び出せば、誰かが助けてくれるのだろうか。それとも、ここで殺されるのだろうか。裸のままの死体がどこかに捨てられることを想像し、今この場をなんとかやり抜けたほうがましなのでないかと思いなおす。とにかく早く終わってほしい。だけど、終わったからといって殺されない保証はどこにもない。男の「殺すぞ」という言葉が頭のなかでこだまする。お願い、誰か助けて。

犯罪被害にあうことは、他者の故意の悪意に晒され、人としての尊厳を奪われる理不尽な体験である。どれほど考えても、生命を脅かすほどの苦痛を強いられる合理的な理由は存在せず、被害者に認知不協和を引き起こす。「なぜ自分は被害にあったのか」という問いに明確な答えはなく、「ミニスカートを履いていた私が悪かった」などと自分に原因を帰属させ、結果として、生きづらさを強め、死にたい気持ちを高めることとなる。

筆者は、被害者の「死にたい気持ち」の高まりには四つの波があると感じている。それは、①被害後しばらくしてから、②加害者の逮捕後、③裁判直前、④判決後であり、被害者のその後の様子とともに紹介したいと思う。

被害直後は、自分に起きたことが信じられず、「これからどうなるんだろう」「男性警官に好奇の目で見られたらどうしよう」と被害届を出す勇気がもてなかった。やっとの思いで届け出したものの、再現撮影、現場検証、そして婦人科検査などに曝露する体験は、事件を生々しくフラッシュバックさせ、その苦痛に耐えられず、感情が麻痺した。現実感がなく、何も考えられなかった。しばらくしてから、事件のおぞましい映像がフラッシュバックし、悪夢にうなされるつらい日々が始まった。睡眠の質は落ち、集中力が低下する。日常生活は以前のように機能せず、ミスが増え、叱責される。「自分には能力がなく、誰にも必要とされていない」と感じ、仕事を辞めざるを得なかった。すべての男性が敵に見え、安全な場所は存在せず、常に警戒している。事件を思い出させるものはすべて遠ざけたい。このつらさを誰もわかってくれないと、対人不信感と孤立感が高まる。「あのとき、なぜ抵抗しなかったのか、なぜ犯人に迎合したのか」と自分を責め、気分が落ち込む。「なんでこんなつらい目にあうのか。いっそ、あのとき殺されていればよかった。もう死んでしまいたい……」と思い始めた。

これらの症状は、被害後の典型的な心的外傷後ストレス障害（PTSD）症状である。

その後、加害者が逮捕された。刑事手続に関するさまざまな選択を迫られ、戸惑い悩む。集中力が続かず、理解力が落ち、決められない自分に嫌気がさす。裁判開始までに数ヵ月あり、待っている間にどんどん不安が高る。一度決めた決断を取り消したい。家族は告訴を反対しており、自分の気持ちと板挟みになって苦しい。加害者側から示談の申し入れが届いた。あまりに理不尽な提示に腹立たしさを覚える。「もし不起訴になったら、自分の被害はなかったことにされるのだろうか。そんな絶望的な悔しさに耐えて生きることはできない」と思う。

このように、刑事手続の負担が被害者をさらに追いつめ、よりいっそう「死」を意識させる。

いよいよ裁判が近づいてきた。自分の人生が他者によって決められていくことに不全感を抱く。裁判で証言することを求められた。法廷に立てば、加害者と対峙するだけでなく、一般傍聴人にもすべてを晒し、屈辱的な被害を自分の言葉で公にすることになる。「裁判を望んだことは間違っていたのだろうか」。想像するだけで眠れない日々が続き、恐怖とプレッシャーで押しつぶされそうになる。「逃げ出したい。消えてなくなりたい。裁判まで生きていられる自信がない。裁判が終わったら死んでもいい……」という思いが募る。もう遺書は用意した。

このように事件によるＰＴＳＤ症状に苦しむだけでなく、刑事手続という本来不必要な苦痛に晒され続けるのである。

裁判が終わった。最大限に裁判にかかわったが、望んだ結果が得られなかった。「私の人生は何なのか。もう、生きている意味がない……」

このように、被害者は幾度となく「死」を意識させられる。しかしながら、本当に死にたいわけではなく、今ここにある解決できそうにない甚大で複雑な問題が解決されるなら生きていたい。しかし、解決する方法が見つからないために、絶望しているのである。

支援者は、この絶望感にどのように向き合うべきなのだろうか。

犯罪被害者支援の実際

犯罪被害者はＰＴＳＤのハイリスク集団である。しかしながら興味深いことに、当センターで支援する被害者は、これだけの苦痛と絶望を強いられているにもかかわらず、自傷・自殺行動件数は意外に少ない。なぜだろうか。

その理由として、まず「当センターの支援者は一貫して被害者の味方である」ということが考えられる。そして、当センターに来所する被害者は、被害以前はその人なりに機能して毎日を生きてきた人が多く、比較的早期から彼らにかかわることで、レジリエンスを保ちやすいということもあるだろう。さらに、予防的な支援が役立っているとも考えられる。具体的には、次のとおりである。

被害者にとって刑事手続は見通しが立てづらく、不安を増大させやすい。そのため、犯罪相談員は被害者に中長期的な見通しと情報をわかりやすく提示し、現実的で短期的な課題をともにこなす作業を行っている。また、警察、検察庁などの関連機関と連携し、被害者の負担軽減を図っている。さらに、突発的な不安にも対応できるように、面接以外に業務時間内であれば随時電話やメール相談を受け付け、気になる被害者にはこちらから連絡を取っている。これらの活動は、被害者の保全に役立っているといえるだろう。

また、被害者は心身の不調に対する見通しの立たなさにも不安を募らせている。それに対し臨床心理士が、その不安に寄り添いながら、被害後に生じる心身の反応や変化は正常なものであると繰り返しノーマライズし、さらに心身の回復の可能性を伝え、不安の軽減に努めている。

加えて、被害者の家族にも心理教育や具体的な対応方法などを伝え、家庭が安全な場所になるように配慮している。しばしば家族は、被害者の長引く症状にうんざりしており、いつまでも事件を忘れないことに不満を募らせている。そのため、彼らの叱責やため息が、被害者の自責感を強め、症状を複雑化させる。家族に「被害記憶を忘れることはないが、体調は回復することができる」と説明し、不満を軽減させる。そして、何よりも家族の苦悩に耳を傾けて労い、その協力に感謝を積極的に伝えている。

さらに、自殺念慮について被害者に率直に確認する。すでに身辺整理や遺書を用意していることもある。そんなとき、驚いたりやめさせようとしたりせず、それを語ってくれたことに感謝を伝え、現在の苦悩に耳を傾ける。そして、どんなときに、どんなふうに生きづらさを感じているのか、また、つらい日々のなかでもどのように対処しているのかなどを具体的に丁寧に尋ね、被害者が落ち着きを取り戻すきっかけを作る。

被害者が支援者に話せないことがあること、そして語らないあるいは語れない自分を責めていることにも想像力を働かせる。

たとえば、性被害後、不特定多数の性的関係をもつことがある。屈辱的な性被害にあったにもかかわらず、みずから性的逸脱行為をしていることに矛盾を感じている。しかし、一人で夜を過ごしていると自殺しそうな気がして、無価値な自分を一瞬でも必要としてくれる人を求めて、その場限りの関係をもってしまう。自分の矛盾と汚れに嫌気がさし、腕や脚にたくさんの傷をつけることもある。「こんなことを打ち明けたら、非難され、嫌われるのではないか」という不安に気づき、被害者にさりげなくそして具体的に、それらの行動について尋ねることが大切である。それらを打ち明けてくれたことを労い、それは被害の後に起き得る行動であると説明するのである。

被害後、自然回復する被害者も少なくない。しかし、ＰＴＳＤ症状が長引く場合は、当センターでは長時間曝露（ＰＥ）療法を提供している。ＰＥ療法とは、一回約九〇分、心理教育、イメージ曝露、実生活内曝露、認知の修正から構成される短期プログラムで、恐怖感の強いトラウマ記憶を馴化させ、非機能的認知を修正する。その治療効果は高く、非機能的認知が修正されると、死にたい気持ちの多くは落ち着いていく。

トラウマ記憶に曝露させるＰＥ療法について「残酷だ」という否定的な意見もあるが、被害者にとってつらい日々が続くことのほうがよっぽど残酷である。犯罪被害のような単回性トラウマのＰＴＳＤには、導入しやすく効果的なプログラムと言えるだろう。

おわりに

被害時、被害者はたしかに一人ぼっちだった。誰も信じられなくなり、安全な場所もなくなった。自分の責任で事件は起きたと感じ、自分に与えられた罰と体調不良は一生続くような気がして、死にたくなる日もあることだろう。しかし、裁判には必ず終わりがあり、何よりも人には回復する力がある。

被害者支援とは、被害者の回復力を信じ、混乱した状況を整理しながら、被害者が平穏な生活を取り戻すお手伝いである。支援者が、可能な限り早期から被害者にかかわり、不安な気持ちに寄り添い、情報と心理教育と見通しを繰り返し伝え、専門的治療を提供し、目標をともにし達成感を積み上げる。また、複数の機関で構成される支援者チームのファシリテーターとなり、そしてともに裁判を乗り越えることで、被害者の回復を促進させることができるだろう。

最後に、この回復の過程が、被害者にとって被害によってマイナスになった人生をもとに戻すのではなく、それ以上のプラスを得られる、つまりポストトラウマティックグロースを得られる体験となることを願っている。

文献

板谷利加子『御直披』角川書店、一九九八年

12
薬局における自殺予防ゲートキーパー活動

向井 勉
Mukai Tsutomu
株式会社ファーコス／薬剤師

はじめに

「なぜ薬局の薬剤師が自殺予防のゲートキーパーに?」と感じた方は多いのではないだろうか。ともすると、薬剤師自身でも同じように感じている方もあると思う。

厚生労働省の自殺対策白書によると、平成三〇(二〇一八)年に自殺により亡くなった方は、二万八四〇人と、平成二二(二〇一〇)年以降九年連続の減少となっているとはいえ、依然多くの方が自殺により亡くなっている。日本薬剤師会は、医療における飲み残しのお薬が「残薬」として過量服用という自殺の手段に使われている現状に対して、薬剤師が自殺予防に取り組むべきことを示してきた。しかし、現場の薬局にはなかなか浸透してこないのが現実である。

本章では、少し違った角度から「薬局」を考えてみることにする。読み終えたときに、読者のみなさまが「なるほど、そのような考え方もあるのか」と感じ、新しい薬局の利用方法を見つけてくだされば幸いである。

薬局の現状

薬局とは一般的にどのようなイメージだろうか。患者が処方せんを医療機関でもらい、薬局に持っていくとお薬がもらえる「医薬分業」といわれる仕組みの普及率は、医薬分業率という数字で見てみると、令和元（二〇一九）年度には七四・九％にのぼり（日本薬剤師会資料より）、この三〇年で三倍に伸びている。このことからも、医薬分業が社会のなかに急速に浸透していったといえる。

一方で、二〇一五年頃から、この薬局の処方せん調剤の急速な増加に対して、それが医療費高騰の要因だとばかりに社会的なバッシングが起こり、SNSでは「お薬手帳を持っていかないと二〇円安くなる！」などと批判されるようになった（調剤報酬の改定により、現在はそのようなことはない）。いろいろな考えがあってかまわないが、医薬分業によるメリットは大きいにもかかわらず、薬局の業界がそれを国民の方々に知っていただく努力をしてきていなかったり、処方せん調剤だけに偏る薬局が多く存在することで楽をして儲けているようなイメージをもたれたりしているのは事実である。

薬局の置かれた環境を考え直す

私たちが薬局における自殺予防活動を開始してから一〇年近くになる。そもそもの始まりは個人的な思いからである。新潟県は自殺率が全国的にみても高い県で、私の周囲でも、親戚や以前一緒に仕事をした職場の同僚、友人など複数の知人が自殺により命を落とすというつらい経験をもっていたことから、「何かできることはないのか」と考えるようになった。このことについて、いろいろなところで薬剤師の知り合いに聞いてみたところ、「精神科の先生の領域じゃないか」「ピンとこない」「重い」「難しい」という意見がかなり多かった。私自身もそのように思うところはあったが、これだけ否定的な意見が重なるとかえって、本当にそうなのかという気持ちが芽生え、いろいろと調べてみることにした。

自殺関連の市民公開講座に参加してみれば、五〇〇名以上入る会場が立ち見になるほどの関心を集めていたり、自殺危機初期介入スキルのワークショップに参加してみれば、「いのちの電話」の相談員、保健師、心理士など多くの専門職の方々が真剣に学んでいたりという現実を見ることができた。市民公開講座では受付で職種を書く欄があったので主催者に問い合わせたところ、医療関係者が一〇〇名近く、あとは一般市民ということであった。薬剤師が参加しているのかと聞いてみると、なんと薬剤師は私たちの薬局からの二名だけという返事にショックを受けた。一般市民や他の医療職の方々がこれだけ関心をもっているなかで、薬剤師だけが無関心でいるように思えたのである。

それからいくつかの文献を調べてみたところ、薬剤師がこの問題にかかわるべきだと感じる報告に多く出会うこととなった。自殺とうつ病に関連があることはよく知られている。眠れない、体調がよくないなどの何らかのうつ症状を感じた人の六四・七％がはじめに内科を受診していて、専門科である精神科、心療内科の受診率は一〇％未満であるとの報告があった[1]。一般的に、患者は自分がうつ病であるとは思わず、「眠れない」などの症状があることで受診する。つまり、患者の多くがうつ病の専門である精神科ではなく内科などにかかり、その治療のために隣の薬局から処方されたお薬をもらっているということになる。私たち薬剤師も、その症状はうつ病からくるものなのかもしれないと考えることなく、そのお薬を渡している可能性が高い。また、薬局利用者の二一・九%がうつ病群と評価されるという報告もあった。[2]これはつまり、私たち薬剤師がうつ病かもしれない方の存在に気づいていないだけなのではないかと考えるに至ったのである。

自殺の原因として一番多いのは健康問題といわれている。薬局を利用する方は何かしら健康を害していることが多いのは当然であり、言い換えると、そもそも自殺のリスクの高い方が多く薬局を利用していると考えることができる。

そして決定的だったのが、次の報告を知ったことである。自殺を図った方のなかで、お薬を多量に飲んで自殺を図る方は全体の四〇%を超え、その使用薬物の七四%が精神科処方薬であったとの報告である。[3]その自殺の手段となったお薬は、薬剤師が薬局で調剤して渡したと考えられる。すなわち「命を救うために渡したお薬」が「命を奪う道具」として使用されていたのだ――この自覚は薬剤師にはあったのだろうか。この報告だけでも十分、薬剤師が自殺予防活動にかかわることの必要性を感じることができた。

さらに、大きな可能性を感じたのは、自殺危機初期介入スキルワークショップに参加したときのことである。参加していた保健師、心理士や電話相談員などの方々と休憩時間に話をしているときに、彼らがそろって口にしていたのが次のようなことだった。「電話をかけてくれる、受診してくれることで救える可能性はある。しかし、ほとんどの方が電話もしないし、受診もしないまま、自殺を図って亡くなっていく。その数のほうが圧倒的に多く、それを救えないことが一番の問題なのだ」と。

考えてみると、薬局は全国に五万八〇〇〇軒を超える数が存在していて、これは令和元年度現在、コンビニエンスストアよりも多い。また、処方せんは年間八億枚発行されていることから考えると、延べではあっても年間「八億回」患者との接触機会のある施設が薬局なのだ。さらに、そこで働く薬剤師は医療に携わるお薬の専門家であり、薬歴というお薬を渡すごとに伝えた内容を記録するツールをもっていることから、実はいつもと違う何かを「見つけられる」環境に私たち薬剤師は置かれているといえる。自分たちが使っていなかった「気づきのアンテナ」をほんの少し意識することで、社会のなかで悩んでいる方を見つけることができる可能性があるのだという確信に至った。

私たちの薬局の取り組み

私たちの薬局（令和二年より株式会社ファーコス）は、もともと社員数七〇名程度で、新潟市内を中心に一〇薬局ほどをかまえる地方の小さなチェーン薬局であった。平成二三（二〇一一）年一〇月に「自殺予防活動に取り組む」ことを社員に対して宣言し、薬剤師だけでなく事務職を含めた全社員が自殺危機初期介入スキルワークショップを受講し、体制を整備した。これまでの八年で、自殺を考えている地域の方々四〇名近くを薬局で見つけ出すことに成功してきた。小さな数字ではあるが、この事実が全国に広がれば大きな可能性となろう。

ある方は、医療機関を受診し、精神神経用薬を服用していたが、うつ症状が強く「死にたい」と考えることがあると薬剤師に打ち明けた。くわしく話を聞くと、主治医がパソコンばかり見ていて「今はこの薬しかない」と言われるだけとのことだった。主治医との信頼関係ができていないと感じられ、市のこころの健康センターの担当者と連絡を取りながら、セカンドオピニオンをもらうために他の精神科の受診へとつなげることとなった。結果として、医療機関を変え、新たな主治医に対して信頼をもつことができ、今では明るい顔で薬局に通われるようになった。

またある方は、薬局の受付時に暗い様子でいたことに気づいた受付事務員がお声かけをした。すると、家庭の問題などからくる孤独感に苛まれ「死にたい」と口にされたのである。病院の駐車場まで同行したところ、泣き崩れてしまったが、落ち着くまで一緒に寄り添い、帰宅となった。その後、すぐに市役所の保護課にも相談し、保健師による訪問が実施され、当分の間、保健師との情報の共有がなされた。それからは、処方せんをもってこられるたびに明るい様子がみられ、お孫さんの話をされるまでになった。

このように、決して薬局だけですべての人を助けることはできないにしても、家族や近しい人にも言えないことに気づき、話を聞き出し、必要な専門家につなげることが確実に可能であるという経験を積んでいる。

地域連携と薬局

わが国の総人口は、令和二年六月現在、一億二五七七万人と人口そのものの減少が続いている。しかし、六五歳以上の高齢者人口は三六一七万人と前年より三〇万人増加し、高齢化率は二八・四％にのぼり、過去最高となった。

厚生労働省は、これからの超高齢社会に対応するために、「地域包括ケアシステム」として、生活、医療、介護、生活支援のしくみを市町村ごとの特性に合わせて構築し、地域における連携体制をつくることを目指すこととしている。薬局もそのなかの一員と考えられ、処方せんを通じた医療とのかかわりだけでなく、在宅介護などの介護分野、あるいは一般用医薬品の供給や健康食品などを通じて、普段の生活のなかでも地域住民にかかわる立場にあると明記された。つまり、国の施策としても、処方せん調剤だけではなく、地域における連携の役割を薬局も担うべきであることが示されているのである。

薬局に行ってみよう！

とはいえ、薬局には処方せんをもっていないと入りづらいというイメージはあるだろう。ぜひ試しに処方せんをもたずに薬局に行ってみてほしい。そうすると「処方せんはもっていないのか？」

という態度で対応する薬局と、温かく対応してくれる薬局に分かれると思う。これからの時代を考えると、後者のような薬局が本当に地域にとって価値のある薬局なのだろう。

一般的に、薬局を利用する場合は、医療機関から近いので「便利」だということで決めていることが多いのではないだろうか。処方せんは医療機関の隣の薬局を利用しなくてはならないということはなく、全国どこへ持っていっても受けつけてくれる。重要なのは「一人ひとりが薬局を選ぶことができる」ということである。家から近い薬局、医療機関から近い薬局、ポイントカードをくれる薬局、ドライブスルーがある薬局、ドラッグストアにある薬局などの利便性のほかに、「安心できる薬局」という選択肢を加えて選んでみることが重要なのだと思う。

おわりに

自殺は、亡くなる本人だけではなく、遺された家族や周りの人を巻き込んでしまう。死は誰にも平等に訪れるものだが、病気で不幸にして亡くなってしまう場合は、一般的に遺された者たちもその事実を時間の経過とともに受容していくとされている。しかし、自殺により亡くなってしまった場合は、「なぜ気づいてあげられなかったのだろう」「あのとき、声をかけていれば」と周りの者たちの後悔は一生膨らみ続け、思い出すこともつらくなってしまう。

誰もが後悔したくない、後悔させたくないはずである。その備えの一つとして、今から安心な薬局を探してみてはいかがだろうか。その行動が、私たち薬局にとっても変わっていこうとする力になる。薬局は地域のなかのつなぎ役になれることを確信している。

文献

1 三木治「プライマリ・ケアにおけるうつ病の実態と治療」『心身医学』四二巻、五八五・五九一頁、二〇〇二年
2 町田いづみ、岡田史「保険薬局利用者の精神症状―うつ病および自殺リスクに関して」『最新精神医学』一二巻、二五七・二六四頁、二〇〇七年
3 渋澤知佳子、小泉典章、松本清美他「自殺企図者における過量服薬に関する実態調査」『信州公衆衛生雑誌』七巻、三八・三九頁、二〇一二年

13 電話相談の現場から

村 明子
Mura Akiko
認定NPO法人東京自殺防止センター

今、死にたいと思っていますか

「自殺防止センター東京です」

電話をかけてくる方が何か語るまで、耳を澄まして待つ。

「あの、どう話したらよいのか……」

沈黙のまま、時が過ぎる。

誰にも話せない思いを話したい、聴いてほしい――気持ちが整理されないまま相談につながることは少なくない。言葉にならない沈黙のあと「もう疲れた……」と一言。何に疲れたのか尋ねると、細い声で「生きることです」。なんとかならないかと試したことすべてがうまくいかないまま万策つき、「もう楽になりたい」と話す。

「何もかもうまくいかないのですね。楽になりたいとおっしゃったのは、今死にたいと思っていらっしゃるのですか」

死にたい気持ちがあるのか尋ねて、相談は本題に入る。

東京自殺防止センターは、国際的な自殺防止機関である国際ビフレンダーズの一員として、自殺を考える人にとって友人の役割をもち、精神的に支えるボランティア団体である。ビフレンダー（befriender）と呼ばれる相談員は、自殺を考える人をありのままに受け止め、受容して支える。

「死にたい人は弱いのではない。すべてのエネルギーが死の方向に向いているのだ」

これは自殺防止センター創設者西原由記子の言葉である。この言葉は、私がこの活動をするきっかけとなった。死にたいと思う人は痛めつけられ、弱っているときもあるが、同時に強靭さを示す。それは生きていられないほどの苦悩のなかで生き続けているからだろう。そして、自分の命を懸けるほどの相談ゆえ、期待も大きければ失望も大きいことも一因といえる。相談者と相談員はいつでも対等な関係である。厳しさのなかで生きている彼らから学ぶことは大変多い。

自殺を考え、実行しようとする人の死にたい気持ちを否定せずに聴くのは、容易なことではない。しかし、相談してくる人が、安心して苦しい気持ちを話し、相談員もともにその人の死に向き合うことは、自殺防止に必要不可欠である。自殺を考えて相談してくる人には「なんとかしたい」と思う力がある。自力で相談につながっているのである。その力をまず信じたい。相談のなかで自身が自分の奥深くにある感情に気づき、確かめることが大切である。相談の主人公はつねに相談者自身である。

この相談は夜間の電話相談である。眠れない人にとって、夜はとくに孤独を感じる時間帯だ。匿名の電話相談は、具合が悪く横になったままでも、外出が難しいときでも、歩行中でも、どこからでもいろいろな状況で相談できる利点がある。また、相手の表情を気にする必要はなく、嫌になったら電話を切ることもできる。

相談の七割は、死にたい気持ちをもった人の相談である。「死にたい」とはじめから口にするわけではない。「消えたい。自分は存在しなかったことにしたい」「明日の朝、目が覚めなければいいのに」など、死をほのめかすような言葉を聞き逃さないことが肝要である。人の苦しさに敏感な感性を持ち続けることが相談員に求められる。死にたいサインを感じたら、死にたい気持ちがあるか、単刀直入に尋ねる。「あなたの気持ちを聴かせて。死にたい気持ちを話し合う覚悟があるから、安心してください」という気持ちを込めて尋ねるのである。

人は、相手が前向きでプラス思考の話題を話している間は、共感しやすく、会話もはずみやすい。しかし、悲しみや怒りの感情に付き合うのは難しい。「大丈夫よ」と励まして前向きにしようとするか、言うべき言葉が見つからず、逃げ腰になり、聞こえないふりをしてしまうかもしれない。

読者の方は、死にたいと言われたらどうしますか？

死にたいと言うのは覚悟がいる

「死にたい」気持ちには大きな幅がある。生きづらさを感じる、このままだと将来死にたくなるだろう、死ぬ方法を考えている、今すぐ自殺をする、などといったさまざまな訴えがある。そして、その言葉には「死にたい」「死にたいけれど生きたい」「なんとかなるなら生きたい」「助けて」と生死をめぐるいくつもの意味がある。「死にたい」は必ずしも「今すぐ自殺する」と等しいとは限らないのである。

「死にたい」と言われると、死んでほしくないと思うのは自然な人情である。しかし、「死ぬな」と死にたい気持ちを封印してしまうことは避けたい。「生きていればいいことがある」という善意の慰めも、今までの人生で一つもいいことがなかったと思っている人にとっては、あまりに残酷な言葉ではないだろうか。

「死にたいと言うのは覚悟がいる。勇気を出して言っても、死ぬのはいけないと頭ごなしに否定される。いけないことなのは自分が一番よく知っている。苦しいから聴いてほしいだけなのに」と言われることがある。死にたい人は、相手の言葉や相談のありように敏感である。相談員を困らせてしまうことを心配し、遠慮して言葉を引っ込める。事実、相談の途中で咳でもすると、相談者は必ずと言っていいほど心配してくださる。「大丈夫ですか。具合が悪いのに電話に出てもらって、すみません」と。そして、相談相手は自分の話を聴いてくれるのか、とつねにアンテナを張っている。

死にたいと言われたら否定せず、「あなたは死にたいと思っているのですね」と死にたい気持ちがあることを受け止めたい。そして、その人が自分の死をどのように思っているのか、自由に話せるような助けをして、その人の死に対する気持ちを一緒に語り合うことが必要である。相談員自身の意見の押しつけ、常識や説教・説得は相談者のこころに届かない。まして、その場で思いついたアドバイスは、この苦しみを眠れないほど考え続けている人を前に容易にできるものではない。死にたい気持ちのある人には、本当に死んでよいのか尋ね、生きる道はあるのか、二人で探し求めていく。

自殺する方法を教えてください

相談者の一五％は自殺未遂を経験した人である。生きることも死ぬこともできない絶望のなかでなんとか生きている。それに耐えられなくなると自殺をはかり、「死ねないから生きているだけ。なかなか死ねない」と嘆く。死にたいのに死ねないとはどんな気持ちなのか、率直に尋ねると、「確実に死ねる方法があるなら、今すぐにでも自殺したい。変なふうに生き残るのは嫌だ。いい方法を教えてください」と答える。「自殺防止センターに死に方を聞きたいと思っているの？　よほど切羽つまっているのですね。確実に死にたいと思っているということですか？」「そうです。そんな方法を自殺防止センターが教えてくれるわけないですよね」。このように率直なやりとりで死にたい気持ちの探求を続ける。

生か死か決めるのはその人しかできない

自殺すると決めて電話をする人もある。決めているのになぜ相談をするのか。最後の最後まで生と死の間で揺れているからではないか。死の間際に立っても「もし生きる方法があれば……」と一縷の望みをかけて相談にたどりつく。

また、最後に自分の気持ちを誰かに聴いてほしい、話したいと電話をかけてくる人もいる。死ぬときにも人は誰かとのかかわりを求めるのだと思う。相談員はその人と「最後の話」をする覚悟がないと、相談を受けることはできない。最終的に生きるか死ぬかを選ぶのは本人しかできないからである。それは人間の尊厳である。どんなに生きていてほしいと願っても。もちろん相談のなかで死への思いを聴き、生きる思いを聴き、死んでほしくないとあがき伝えても、どうするか決めるのは本人なのだ。最終的な選択の結果を、相談員はただ受け入れることしかできないのである。

死ぬ準備をして電話をかけてきた人がいた。何があったのか話さず、ただ電話を終えたら自殺をすると繰り返す。乾いたような抑揚のない声で淡々と話す。「これから死ぬ、とずいぶん淡々と話されるのですね、私は怖いです」と話すと、「ええ、これでやっとすっきりしますから」。長い時間話すうちに、打ち解けてきて少し笑ったりしたような気がする。明るい気分になってくださりよかったと安心した矢先、「最後に普通の話ができてよかった。笑ったのも久しぶりでした。うれしかったな。もう行く時間ですから」と別れを告げられた。本当にもう死ぬのを決めたのかと何度か尋ねたが、答えは変わらないまま、電話は終わった。

この厳粛な決定を前にして、相談員は大きくこころを揺り動かされる。相談員自身も苦しいときには、互いに支えてもらいながら活動を続けていく。

死を決意した深刻な相談の終わりに言われたことがある。「あなたは私が死ぬと決めたと話している間、死ぬことを否定もせず、死んでいいよと肯定もせず聴いてくれた。もしあなたがどちらかを言ったら、私はすぐ死のうと決めていた。実は目の前に準備をして電話した。今日は死ぬのをやめることにした」と。相談の間、死をかたく決意した人に何もできない無力感でいっぱいだった自分は、ただその人の話にうなずき、その人の苦しさに歯噛みするような思いでそばにいただけである。「あなたの話を聴いている間、私は何もできないと思い続けていました。このままだと死んじゃうと無力感でいっぱいだった」と話すと「そうですか。心配かけてしまいました。自分のことでいっぱいですみません。でもありがとう」と電話は切れた。何の解決もなく、気の利いた言葉もない相談であったが、自分の話を聴いている相手が動揺したり、二人の間に流れる気持ちの揺れなど互いの今起きている感情を共有したりすることだけが、死ぬしかないという気持ちを少し動かすのかもしれない。

あなたと話してもどうにもならない

絶望感でいっぱいで死ぬしかないと相談を始めた人は、「ほらね、私には死ぬ選択しか残されていない」と絶望的な口調で念を押すように繰り返す。「何を話してもだめだと思っているのですね」と私も繰り返す。電話の終わりに「あなたと話しても、どうにもならないことがよくわかった。結局だめなのよね。死ぬしかない」。やはり口調は厳しいままだった。「でも不思議なことに……話を聴いてもらって一人ぼっちじゃないのね、私は。しばらく死ななくてもいいかな」。自分の手に余る問題を抱えた人の相談でよく言われるのは、「問題を解決したいわけではない。苦しいから聴いてもらいたい」ということである。

死に向かう気持ちをわかろうとする。それは「理解する」というよりも共有したい気持ちである。自殺する準備をして相談している人がいる。自殺するための道具をどのような思いで選び、決め、用意したのか。いつでも死ねるように準備した道具を見て、今何を思うのか。「これがあるといつでも死ねると思って安心する」。死ぬと決めていても、こうやって死ぬことを一日延ばしにして生きていると話す。「ロープが目の前にあると、あなたは安心なのですね。用意してどれくらいになるのですか」。その人にとっての「事実」はロープを用意していることだけではない。それを安心と感じていることである。その気持ちをきちんと受け止めて、落ち着いて話をしたい。

相談をする人にとって、少なくとも通話中は話す相手がいる。応答し合う人がいる。電話を終えると、絶望と孤独が待つ元の世界に戻るのみである。それでも、相談する人は会話を終え、そのなかに戻る決断をする。相談を終えるとき、そこに戻る力をもっていることに毎回気づかされる。強い力を感じる。

この相談は「最後の砦」といわれることがある。相談する人は自力でたどり着き、自力でまた帰っていく。その強さに尊敬の念を抱き、謙虚に活動を続けていきたい。

14
インターネット・ゲートキーパー活動の現場から

伊藤次郎
Ito Jiro
NPO法人OVA／精神保健福祉学

宛先のない「死にたい」

「死にたい」と検索エンジンに打ち込む者がいる。他者に助けを求めるのであれば、相談窓口などの援助機関を検索したほうがより合理的とも思えるが、なぜこのような行動を起こすのだろうか。

筆者が聞いた範囲では、「無意識」と答える相談者が多い。助けを求めているというよりは、死にたい気持ちを抱えながら、現実の世界で誰にも相談できずに、思わず手にもつ携帯電話にひとり「死にたい」と、その行きどころのない思いを打ち込んでしまったのであろう。

検索エンジンに打ち込まれる「死にたい」は「宛先のないこころの叫び」である。

また、検索エンジンに打ち込まれる言葉は心情の吐露だけではない。具体的な自殺方法を求めて検索行動を起こしている者も多くいる。

筆者はそれらの事実を知り、「自殺方法」や「死にたい」などの自殺関連用語を調べると、検索に連動した形で広告が表示され、特設サイトへ促し、サイトからワンクリックでメールが送れるような仕組みを構築した。

インターネット・ゲートキーパー活動の概要

相談者からくる初回のメールは、死にたいほどにつらい気持ちを吐露しただけの一、二行のメールも少なくない。相談者は二〇、三〇代が大半で、抱える問題は人間関係、就職や経済的な事情、うつ病やギャンブル依存などの精神疾患や身体の病気、罪を犯してしまったこと、または犯罪被害など多岐にわたっている。問題を複数抱えていることが多く、抱えている問題の傾向を明確に示すことは簡単ではないが、相談者に共通する心理としては強い孤独感や絶望感がある。また、多くの相談者は抱えている問題に圧倒され、「何をどこから話していいのかわからない」と言うことも少なくない。

そういった状況を踏まえ、サイト上には空メールでもよい旨を明示し、連絡を促している。こちらからの初回のメールでは、サイトの運営者であることを伝え、名前（呼び名）を聞く。より個別化し、関係性をつくるために、メールの文面内に違和感のない程度に何度か名前を入れる。なお、名前を意図的に入れることは電話、対面での面接時も同様である。

相談のメールを送ることにも不安を抱えている相談者が多い。そのため「今まで一人で抱えてきて、つらかったですね。メールをくださり、ありがとうございます」などと伝える。これは、相談室に訪れた人に対して「よくきたね」と伝えるのと同様に、援助要請行動をエンパワメントしている。その後「死にたいくらいつらいのですね」と気持ちを受け止めながら、生活の状況や抱えている問題、心身の健康状態についても「今後のことを一緒に考えたいので、話を聞かせてくれませんか」と伝える。

なお、早い段階で、年齢や性別、K６（こころの健康を崩しているかどうかの目安として開発された六項目の質問）や飲酒の状況、自殺未遂歴や現在の自殺の計画など重要な項目を入れたアンケートに回答してもらう。

メールでの相談の場合、相手は携帯電話からメールを見ていることが多く、文中に質問を複数入れても答えづらいため、原則的に質問は文末に一つ添え、最後に「お返事待っています」などと書いて返信を促す。

メールは原則的に二四時間以内に返信をし、継続的に行い、状況に応じて電話や対面で面談を行うこともある。

共感的に話を聞きながらも質問をし、問題を整理し、心身の健康状態を評価し、それらの問題を解決するために必要な現実の社会資源を検討し、つなげていく、いわばゲートキーパー活動を行う。ただし、現実の相談機関への相談を促しても、すぐに行動を起こせない相談者が大半である。その場合、やみくもに説得するのではなく、相談者の「行きたくない理由／行きたい理由」を聞き、明確にしていく。具体的な心理的・物理的障壁が明らかになれば、方策を考えることができ、相談者は現実の援助機関への援助要請行動を起こすことができるのである。

自殺の危険性をどう評価するのか

メール相談では、送られてくる文面から自殺の危険性を評価する必要がある。では、相談者の差し迫った自殺の危険性をどのように評価すればいいのだろうか。

基本的には、相談者から現在の自殺念慮や自殺の計画・準備などの具体的な話を教えてもらうことになる。短期的な意味での自殺の危険性を最も知っているのは、他でもない相談者自身だからである。

打ち明けられる「死にたい」という言葉のなかにも、さまざまな意味がある。「死にたい。(だけど自殺までは考えていない)」という希死念慮と、「死にたい。(自殺を考えている)」という自殺念慮とでは、言葉は同じでも意味が異なる。後者の場合は、前者と比較してもリスクが高く、今日、自殺企図する考えがある可能性も、この時点では否定できない。

自殺念慮が確認できた場合は、いつ、どこで、どのように自殺を具体的に考えているのか、その計画・準備の状況について注意深く聞いていく。「いつ(when)」「どこで(where)」を聞くのは、自殺の危険性がどれほど時間的に差し迫っているのか、「どのように(how)」を聞くのは、自殺企図を起こした場合の致死性を予測するためである。

たとえば縊首を考えている相談者がいたなら、ロープ等の道具を手に入れたか、また、結び目等をすでにつくって用意しているのか、実行する場所をすでに見つけているか、それは自宅か、それとも外の場所か、身辺整理を行っているか、などとより具体的に聞いていくのである。具体的なところに考えが及び、準備が進んでいるほど、自殺の危険性が高いと評価する。

なお、自殺に関する相談者の発言は、自殺の危機評価においてきわめて重要な情報である。今後の評価のためにも、電話、対面での面談では、自殺に関しての発言は一言一句違わず本人の発した言葉を正確に記録する必要がある。

対応の実際

自殺の相談では、相談者と支援者との間であたたかみのある関係性を築くこと、また、相談者とその周囲の人との関係性をつくり、回復するのをサポートすることが重要である。

ジョイナーの提唱する「自殺の対人関係理論[1]」では、「自殺の潜在能力」が高まることと、「自殺願望(所属感の減弱と負担感の知覚)」が高まることで自殺が起こるとされている。相談者と支援者、相談者と周囲の人とのあたたかみのある関係性をつくることは、「所属感の減弱」に働きかけることで自殺願望を引き下げているということができるだろう。

たとえば、筆者がかかわった二〇代女性のケースでは、一緒に住んでいる両親との関係、恋愛、仕事上の問題に悩み、電車に飛び込もうとするなど、致死性の高い自殺方法を短期間で何度か試みていた。あるとき、自殺念慮が衝動的に高まり、「もう死ぬしかない」とメールが送られてきた。電話で話したところ、自殺企図のコントロールも自分でできないことが話されたが、電車に乗らなければ帰宅もできない状況であった。警察への通報による保護を検討するも、話しているうちに落ち着きを取り戻したため、両親に連絡をし、迎えにきてもらうことにした。

翌日、筆者は相談者の家庭を訪問し、両親と相談者と四者で面接を行った。そこで相談者と両親はそれぞれ今まで胸のうちに秘めていた気持ちを伝え合った。それを機に相談者と両親との間にあったわだかまりが解け、関係性は回復し始めた。その後、相談者には明らかに心身の健康にポジティブな変化があり、自殺企図はなくなった。これは支援者が、強い孤独感を抱えていた相談者とあたたかみのある関係性を築いたうえで、両親との関係性の回復をサポートしたことが、減弱していた所属感に働きかけ、自殺念慮を引き下げたといえる。

なお、訪問の際には、自宅にあった縊首に使用するためのロープを同意のうえ回収している。自殺の方法が具体的に準備されていた場合、回収するなどして自殺企図の手段から遠ざけることは重要な対応である。

一方、「自殺をしない約束」については弊害が大きいと考えている。そもそも自殺をしない約束をすることによって自殺予防的な効果があるという科学的根拠が存在しない。支援者がやみくもに約束をしようとすれば、相談者が「結局、この支援者は自分が自殺さえしなければいいのだ」と受け取り、孤独感を強める可能性すらある。なお、筆者が行う約束とは、まさに今、自殺の危機にある相談者と電話で話した後に「明日直接会って話をしよう」などの約束である。

筆者らの場合、自殺の宣言やほのめかしがあり、屋上に相談者がすでにいるなどの緊急的な状況下では、警察への通報も考えて二人体制をつくり、一人が相談者と電話をし、もう一人の待機している相談員とチャットで情報交換を行い、警察への通報を指示する。

このような緊急時には、支援者自身に恐怖、不安、焦燥感、場合によっては怒りなど、さまざまな感情が湧き上がってくる。支援者もまた否応なく心理的に危機的な状況にさらされるため、感情的に反応しやすくなるのである。しかし、そういった状況下でも支援者が冷静でなければ適切な対応はできないため、筆者はいくつか心構えをもっている。一つは、電話での面接は三〜四時間程度は最低でもかかることを前提とし、時間を確保し、気持ちに余裕をもつことである。またもう一つは、あらかじめ最悪の状況を想定することで、電話がつながった瞬間、相談者がどのような状況下にあっても、より気持ちを落ち着けることができる。

そうして電話がつながっても、すぐに相談者が自殺を中断するとは限らない。かたくなな態度を示すこともある。自殺をやめるよう促されても、相談者は自殺を宣言し、自殺しようとしているのだから、それをすぐに取りやめるのが心理的に難しいこともあるだろう。そういった場合、説得的なかかわりは逆効果を招くこともありえる。

そのため「自殺を止める」のではなく、結果的に「自殺ができない安全な場所に移動させる」などの方法をとる。たとえば、相手が屋上にいれば、まずは柵の内外どちらにいるのかを確認する。その後「風の音が強くて、あなたの声が聞こえなくて話せないので、ひとまず屋内に入って話しましょう」などと伝える。直接的に自殺をやめるように伝えていないが、結果的に自殺をやめるように促すのである。

筆者の経験で、マンションの自室から飛び降りようとした相談者が、頑として玄関を開けず、支援者が呼んだ警察官を迎え入れることを拒否したことがあった。その際「私は玄関の外にいる警察官と話す必要があるので、あなたの携帯電話を警察官に渡して話をさせてほしい」と伝えたところ、かたくなだった相談者は、すぐに玄関を開けたのである。

おわりに

ある相談者が「自殺したい」と書いたメールを毎日家族に送ったところ、対応していた家族の一人が自殺企図を起こしたことがあった。自殺念慮を抱えた人の対応をしているうちに、支える側が追い込まれてしまったのである。

シュナイドマン[2]によれば、自殺念慮を抱える者は死にたい気持ちと生きたい気持ちの間で揺れ動いているアンビバレントな状態（両価性）だという。そういった不安定な相談者の心理状況では、支援者はときに味方であり、敵でもありうるのである。よって、攻撃的な振る舞いをすることもある。支援者にも陰性感情が引き起こされやすい現場なのである。しかし、それを自覚できずに発露すれば、相談者の自殺念慮を高めかねない。

自殺予防にかかわるうえで重要なことは、自殺の危機にある相談者とかかわる支援者もまた、心理的に危機的な状況に陥る可能性があると自覚することである。「傾聴」や「共感的にかかわること」が繰り返し強調されることが多いが、いざ自殺念慮をもつ相談者と対峙すれば、さまざまな感情が芽生え、渦巻き、頭で理解していることや日常的にできていることが難しくなくなるとあらかじめ知っておくことも重要であろう。

相談者のためにも、また支援者自身がバーンアウトしないためにも、支援者は自殺の相談を一人で抱え込まずにチームを組み、対応することを心得ておきたい。

文献

1　トーマス・E・ジョイナー他（北村俊則監訳）『自殺の対人関係理論―予防・治療の実践マニュアル』日本評論社、二〇一一年

2　エドウィン・シュナイドマン（高橋祥友訳）『シュナイドマンの自殺学―自己破壊行動に対する臨床的アプローチ』金剛出版、二〇〇五年

15

僧侶による支援の現場から

前田宥全
Maeda Yusen
正山寺住職
自死・自殺に向き合う僧侶の会共同代表

はじめに

「自殺実態白書二〇〇八」によると、自殺の危機要因は一〇〇〇項目以上が確認されている。危機要因を複数抱え、さまざまな危機経路が形成され、問題が複雑化することが自殺の要因だと考えられる。

自殺の要因が形成されるその過程で生じる苦悩は「死にたい」という吐露につながる。「死にたい」と吐露する人と向き合う場合、自殺の危機要因とされる問題への具体的対応は重要なことであるが、同時にこころのなかに生じた苦悩に対していかにかかわるかが問われる。

本章では、僧侶による「手紙相談」（二〇〇八年一月活動開始）と「面接相談」（二〇〇一年三月活動開始）の活動実績から、「死にたい」と訴える人の事例の要点を挙げ、相談者が抱える問題の特徴や独特の心性、その対応・援助について論じる。なお、事例は本人を特定できないよう改変している。

活動実績は、二〇二〇年一一月までの統計で、「手紙相談」の総受付数九八六七通、相談者数一五四〇人、「面接相談」の総受付数六九四六回、相談者数一一九一人である。

事例

手紙相談

・小学生の頃からいじめに遭い、働いてからも「無能な人間」という評価を受けてきた。毎日が虚しく感じられ、生きがいを感じたことがない。「軽いうつ」という診断を受け、薬を飲んでいるが何も解決しない。「死にたい」とつねに考える。（男性、五〇代）

・ステージ4の乳がんであることがわかった直後、中学生のひとり息子を交通事故で亡くす。生きる意味を感じられず「死んでしまいたい」。（女性、四〇代）

・軽度知的障害。作業所での人間関係がうまくいかない。スタッフには相談できず、家族も深刻に考えてくれず、ただ笑っているだけ。誰も理解してくれようともせず、苦しくて「死んでしまいたい」。（女性、一〇代）

・三年前に父親を自殺で亡くす。その後、交際していた男性との間に子どもを授かるが中絶。自分は生きている資格がないと感じ「死にたい」。（女性、二〇代）

・二年前に妻を亡くした。嫁いでいる娘からの連絡もなく寂しい。年に一度は娘に会うが、会話はなく、亡くなった妻を思い出す毎日。早く妻のもとに行きたいという気持ちが強くなるばかりで「死にたい」。（男性、八〇代）

・うつ病の診断を受け、今回で二度目の休職。休職中も会社のことばかり考え、まったく休まることがない。復職の自信もなく、こんなつらい思いをするのであれば「早く死んでしまいたい」。（男性、五〇代）

・身体に障害を抱え、毎日の生活が苦しくて仕方ない。支援も受けているが、「こんなに人様に迷惑をかけてまで生きるべきか」と葛藤の毎日。「早く死んで楽になりたい」。（女性、五〇代）

・心身に障害があるが、家族がとてもよくサポートをしてくれている。いつも「家族に申し訳ない」という思いがあり、迷惑をかけないように「死んでしまいたい」と考えている。（男性、二〇代）

・就職後しばらくしてうつ病と診断され、それ以来、家に引きこもりがち。こんな私を家族は理解してくれず、毎日イライラしている。希望もないので「早く死んで楽になりたい」。（女性、三〇代）

・精神疾患があり、作業所に通っているが、人間関係がうまくいかない。家族やカウンセラーにも相談するが、私が悪いと指摘されるばかり。もうどうでもよくなってきた。「死んでしまいたい」。（男性、五〇代）

面接相談

・夫を亡くして五年になる。子どもがいないので、仕事から帰ってきてひとりで食事をする毎日が寂しく、休日の家族連れを見るのもつらい。友人や親戚はすでに過去のこととして考えているようで、まったく私の気持ちを理解していない。「死んで早く夫に会いたい」。相談の予約をするのは、死ぬまでの猶予をつくるためと考えている。（女性、四〇代）

・大学卒業後、就職を機に上京したが、会社の人間関係に馴染めずつらい。同僚は仕事ができる人ばかりで、置いてきぼりにされているように感じる。最近は会社に行くのもつらく、これで終わりにしたい。「死んでしまいたい」。（女性、二〇代）

・二〇代で統合失調症の診断を受け、引きこもりがち。一年前に父親が亡くなってからは、病気がちな母親も臥せることが多くなり、人生を悲観的に考えるようになってしまう。毎日虚しいだけなので「早く死んでしまいたい」。(男性、四〇代)

・義母の介護に疲れた。支援も受けているが、同じ屋根の下にいるだけで疲れる。義母を階段から突き落として殺してしまいたいと思うけど、そんなことはできない。「私が死ぬしかない」。(女性、六〇代)

・物心ついたときから家族に虐げられてきた。最近になり、生死にかかわる重大な病気にかかっているとがわかったが、どうせ生きていても苦しいだけなので、このまま放置する。「早く死んでしまいたい」。(女性、二〇代)

・リストラ後、うつ病と診断され、自宅にこもりがち。子どもはなく、妻は働いている。妻は「家事をやってくれればいい」と言うが、申し訳なく思い、毎日が苦しい。妻が疲れた顔で帰宅するのを見たくない。働ける見通しもつかず「死んで楽になりたい」。(男性、五〇代)

・軽いうつ病と診断され、大学休学中。大学のカウンセラーにも医師にも「しっかり休んだほうがいい」と言われるが、休んでいる場合ではない。早く復学しなくてはいけないと思うが、その気力もない。もう人生終わり。「早く死にたい」。(男性、一〇代)

・五年前からもの忘れがひどくなり、診察を受けると認知症と診断された。家族がいないので、いつか施設に入ることを考えなくてはいけないが、それも不安。今後のことを考えると、悪いことばかりが気になり始め、家に引きこもりがちになってしまう。「死んでしまいたい」と考えるこ

とがある。（男性、六〇代）

・会社が倒産し、今までの暮らしができなくなった。対処法はあるが、これまでと同じ生活ができなくなるのは恥ずかしい。家族にも申し訳ない。誰とも会いたくない。「もう死んでしまいたい」。（男性、五〇代）

・会社での人間関係に馴染めず退職。摂食障害になり、現在では生活保護を受ける。こんなはずではなかったという思いが強い。もう人生に望めるものはない。「死んでしまいたい」。（女性、四〇代）

問題の特徴と心性について

「死にたい」と訴える人は、その訴えの根源や対処も見つからず、感情的にも認知的にも混乱状態に陥っている。また、その混乱から、援助者に状況や思いを伝えにくい状態になり、援助者との距離がより遠くなり、「現実的・精神的孤立感」を抱えることになる。

援助者にとっては、相談者の訴えの度合いが深刻度の理解につながるが、すべての「死にたい」とまで考えている人が「死にたい」と訴えるわけでは必ずしもないことを心得ておかなくてはならない。なかには「死にたい」と訴えない、訴えることができない人もいるので、その場合は援助者からの問いかけが重要になる。

もちろん「死にたい」と吐露を促せばよいということではない。あくまでも「死にたい」と考えても自然な状況であることを察する必要があるということであり、留意しておかなくてはならないのは、どんな状況の人が「死にたい」と考えているかはわからないということである。

相談者とのかかわりのなかで多く聞かれた言葉を以下に挙げるが、どの言葉からも「現実的・精神的孤立感」が感じられ、同時に、必ずしも「死にたい」と考えるほどの状況や苦しみを誰かに理解してほしいと思っているわけではないことがわかる。

・見ず知らずの人に相談するのは気が引ける。かといって、身近な人には話せない。
・相談するということは勇気のいること。
・私よりもつらい人はたくさんいる。
・もうどうにもならない。
・誰も助けてくれない。
・結局は薬で対処されるだけ。
・支援者と言われる人もあまり信頼できない。
・考えを押しつけられるだけ。
・話を聞いてくれない。
・どうにもならず、かえって絶望感が強くなるだけ。
・具体的な対応にまでたどり着ける環境ではない。

・結局は自分でどうにかするしかない。
・たらい回しにされるだけのような気がする。
・私とかかわりたいと思う人などいない。

「孤立感」はさらに負の感情を高め、「死にたい」に込められた強烈なその思いを受け止めきれない援助者との距離を遠ざけてしまい、そのかかわりさえも自殺の危機要因となり得ることから、その場における単なる対応技術にとどまらない援助者の心構えが支援・援助の重要なカギとなる。

対応・援助

言うまでもなく、感情的・認知的アプローチが重要となる。行動的アプローチもかかわり方によって可能であり、「死にたい」と訴える人の希望を見出すことにもなるであろう。「死にたい」と訴える人の状況や思考傾向を把握するためには、適切な「問い」をすることが重要である。とくに感情面への「問い」に関しては、「はい・いいえ」以外の言葉で答えられるようなものがよく、そうして得られた共有可能な物語と感情は、相談者と社会とのつながりを回復するきっかけとなる。

しかし、筆者が考える「死にたい」と訴える人とのかかわりで重要になることは、援助者が日常において「どのような志をもっているか」「どれだけ生き方について考察しているか」（生き方の哲学・考え）であり、さらには、それを深める努力や実践を積み重ねているかが、相談者自身の生きる希望、具体的対処への積極性につながると考える。「死にたい」と訴える人への対応・援助についての考察が求められているなかでは、なかば当て外れのように感じられてしまうかもしれないが、対話の場における非言語的コミュニケーションの重要性に鑑みれば、援助者の生き方の哲学や考えが軽んじられるべきものでないことは理解できるであろう。

どんな対応技術をもっていても、日々を規範なく過ごしているだけでは、どんな言葉も「死にたい」と訴える相談者のこころには響かず、問題解決のための行動に結びつけることはできない。「手紙相談」にしても「面接相談」にしても、援助者自身の生き方について考察し続ける誠実性は必ず相談者に届くものである。また、その誠実性が「死にたい」と思っていても吐露すらできない相談者の生きる希望を見出す力となる。

この世は無常であるがゆえに、自分の思いどおりになることはほとんどない。この世で生きている以上、ままならず苦しいと感じることが起きるのは、言わば当たり前のことである。そう考えると、「死にたい」と考えてしまう気持ちのありようが生起することも自然なことであると感じる。

また、「死にたい」と考えてしまうのがどのような状況なのかは、他人に容易に想像できるものではない。だからこそ、この世が無常であり、誰しも「死にたい」と考えてしまう状況に追い込まれることがあるとつねに意識することが重要である。

生きている以上、困難は波のように現れ向かってくる。問題の解決・治癒を考えることも必要だが、解決・治癒を副産物と考え、困難そのもの、かかわりそのものにこそ意味があると考え対応していくことも肝要であろう。

僧侶としてできることは、僧侶みずからが生きる規範としている仏教を基準とし、それぞれの相談者の生きる方向性をともに見出すことである。

おわりに

「面接相談」では、相談者に「どのような志があるか」を必ず尋ねる。しかし、ほとんどの相談者からその回答は得られない。それは「生き方」の基準がないまま生きてきたということであり、それ自体が危ういことであった。

幸いにして前向きになり「生きる覚悟」を持ち始めた人たちの声を紹介したい。

「あのとき、死なかくてよかった」「来てよかった」「気持ちを聞いてくれて楽になった」「自分の状況や気持ちの整理ができた」「何をすべきなのかがわかった」「『ひとりではない』と思えた」「問題に立ち向かう勇気がわいてきた」「自分の気持ちに気づけた」「話す前と後の気分が全然違う」

人は本来、生きる力をもっている。「死にたい」と苦しみの底から強く訴える人と向き合うことは容易ではないが、「死にたい」と訴える人であっても生きる力があると信じ活動していきたい。

対談

子ども・若者の自殺対策のこれから

——コロナ禍が浮き彫りにした課題

髙橋聡美×渋井哲也　松本俊彦（司会）

Takahashi Satomi × Shibui Tetsuya　Matsumoto Toshihiko

自殺予防とのかかわり

松本　雑誌『こころの科学』で「「死にたい」に現場で向き合う」という特別企画を組んだのは二〇一六年のことでした。その時の思いとしては、自殺に関する啓発はだいぶ進んできて、医療機関でもそれ以外の支援の現場でも、自殺予防が大事だということは総論としては理解されてきたんだけど、では実際に「死にたい」と言っている人や、自分の身体を傷つけている人たちに対する支援スキルが上がっているかというと、そうではない気がしたんです。それから五年経って、状況がよくなったのかと考えると、残念ながら変わっていないように感じます。ひょっとすると、医療関係者の中ではむしろ以前より自殺予防への関心が低くなっているんですよね。自殺者数が減ったからいいじゃないか、みたいな感じにもなっている。でもコロナ禍によって、さまざまな背景から若者や女性の自殺がトピックになるような状況の中で、この特集号を書籍化しようという話が持ち上がり、何か対談を載せたいなと思った時に、思い浮かんだのが髙橋さんと渋井さんだったんです。髙橋さんは前々から自殺予防に関して医療機関や大学などで活動してこられていますし、渋井さんはジャーナリストという立場で、長いこと捨て身の取材をやってきていますよね。ある意味で医療や地域の相談機関よりもっと手前のところで、「死にたい」とつぶやく当事者にギリギリの距離まで接近し、支援をしながらの取材をもとに情報発信されてきた。そのお二人のエネルギーみたいなものをぜひお分けいただきたくて、今回、対談にお声がけしました。

　まず冒頭に、お二方の簡単な自己紹介みたいなもの、これまでどんなことをしてこられたかという話をお願いできればと思います。髙橋さんからでよろしいでしょうか？

髙橋　私は二〇二〇年三月まで防衛医科大学校の精神看護学教授をしていました。もともとは看護学校を卒業してから精神科のナースをしていたんですが、家族の仕事の関係で国内外を転々として、二〇〇三年から二〇〇五年までの二年間はスウェーデンで暮らしました。日本に帰国した時に、自殺者が三万人を超えるという状況が続いていて、いったいこれは何なんだと思ったんですね。スウェーデンやフィンランドは日本よりずっと早くに自殺対策に取り組んでいて、その効果が現れているのを見た後だったので、これは日本もなんとかしないといけないと思っていた時に出会ったのが、滑川明男先生の仙台グリーフケア研究会です。そこで自死遺族のサポートにかかわり始めました。

それと並行して、大学教員として、「死にたい」と言う患者さんにどう接するかを含めた教育を看護学科の学生にしていたんですが、やはり自殺未遂や既遂で病院に来る前の段階で、予防的なことができないかということを考えていたんですね。そうしたところ、ちょうど自殺対策基本法が改正された二〇一六年に、学校で自殺予防教育をやってくれないかとお声がけいただいて、以来、自殺予防教育に取り組んでいます。

教育現場では、子どもたちに「ＳＯＳを出して」と話すわけですが、それを受け止める側の準備ができていないと感じていました。それは患者と医者の関係と似ていて、メンタルの危機の際に「病院に行ってください」と啓発するのはいいけれども、受け入れる側の体制がきちんとできていない、それと同じことが教育現場でも起きているんです。そこで、「ＳＯＳの受け止め方講座」というのもやっているところです。

松本　ありがとうございます。それでは渋井さん、ご自身の自殺予防とのかかわりを教えてください。

渋井　僕は、そもそもは子どもの権利とか子どものケアについて、一九九五年前後から取材をしていました。九八年に新聞社を辞めて、フリーの道に進むんですが、当時関心をもっていたのは、援助交際をしている少女や、家出した少年でした。彼ら彼女らを取材していくと、多くが「死にたい」「消えたい」と思っていたり、自傷行為をしたりしていました。もともと自殺のことを取材しようとしたというより、現場を追っていったら必然的にそちらに流れていったという感じです。

印象的だったのは、九八年に、ある摂食障害の女性が、「私って『生きづらさ系』だよね」と言ったんです。当時、ネットのコミュニティでは「自殺系」とか「自傷系」とか「メンタルヘルス系」など「〇〇系」という言葉をよく使っていました。この言葉はいったい何だろうと思って、新聞や雑誌、本を探したんだけど、当時は見つからなかったんです。でも、これって現代の気分や状況を反映しているなと思って、それから「生きづらさ」という言葉を意識して使うようになりました。

そうして取材を行っていく中で、僕が話を聴いている人が実際に自殺で亡くなっていくことが続いたんです。当時は、自分の生きづらさを言葉にして、それを話し合える相手がいれば死なないのではないかと思いながら取材していました。しかしその中で自殺が起きる。語りというのは、癒しの面もあるけれども、リスクもあるということを知ったのが二〇〇二年です。ある中学生が飛び降り自殺をしてしまった。その前に「私を取材してください」と僕に言ってきたんです。これはいよいよ死ぬつもりで自分の言葉をまとめたいということなのか、それとも、これから別の道を進むためにポジティブな意味で話がしたいのか、どっちかなと思っていたんですけど、結局、両方の気持ちがあったんですよね。そういった、一人ひとりの子がなぜ自殺しなければいけなかったのかということを考えて、今に至るという感じです。

松本　導かれて今日までやってきたということなん

ですね。

コロナ禍と若年女性の自殺

松本　お二人はいずれも、学校における自殺予防教育であったり、若者や子どもの生きづらさといった形で、若年層にフォーカスして活動してこられたのかなと思います。二〇一一年まで一四年間続いた自殺者数三万人超という状況は、現在は一応脱け出して、二万人を切るんじゃないかというところまで減ってきた。ただ年齢や性別を見てみると、働き盛りの男性の自殺は大きく減っているんだけど、若者や女性は必ずしもそうではない。とくに一〇代前半では戦後最高という数字が出てきています。また昨今のコロナ禍の中で、女性、とくに比較的若い女性の自殺が問題になっています。そうしたことの背景には何があるのでしょうか。

髙橋　コロナ禍でいきなり何か問題が生じたということは、そんなにないと思うんです。従来からあった問題が、コロナによって、ハイリスク者がよりハイリスクになって、ローリスクの人たちもハイリスクになってしまったということではないかと思います。

自殺対策基本法改正以降も子どもの自殺は確実に増えていて、若年層の自殺対策はうまくいっていないことは目に見えてきていました。もともと対策ができていないところにコロナがやってきた、そういうイメージです。

若年女性に限っていうならば、ステイホームで性的虐待が悪化したとか、デートＤＶの被害といったことは、いろいろなヒアリングの中では聞いています。ただ中絶件数などの統計データはまだ出ていないので、はっきりしたところはわかりません。

もう一つは、そもそも女性というのは病気に対する不安をより強く感じます。うつ病も女性のほうが多いですし、不要不急の外出の禁止で、受診のアクセスが難しくなっていたかもしれないという問題もあると思います。

あとは、居場所の問題ですね。家に居場所がない子たちは、外で友だちと会ったりしてストレスコーピングをしていたわけですが、それが制限された影響が、男性よりも女性に強く出たのかなという印象はあります。

松本 なるほど。渋井さんは、接している若い女性たちを見ていてどうでしょうか?

渋井 僕が取材している人の中でも性被害に遭って、それを直接的な原因として自殺未遂に走った人が何人かいましたね。

警察統計(二〇二〇年一一月現在)では、強制わいせつと強制性交等罪は全体として減っていますが、六歳から一二歳は増えました。DVとストーカーも増えています。そこから考えると、身近な人間関係の中での性的被害が多くなっているといえるかもしれません。

ただ最近僕が取材した人は、身近な相手からではなく、街角というか、知らない人から被害を受けています。いずれにせよ、性的被害が、もともとメンタルヘルスに困難を抱えた人に起きると、それが自殺企図の後押しになるということは考えられます。また過去に性被害にあった人が、コロナ禍でストレスを受け、自殺未遂をしたということもありました。

一方で、それまで援助交際とかパパ活をしていた女性たちが、なかなかできなくなっている。児童買春処罰法違反や売春防止法違反、青少年保護育成条例違反の減少という警察統計にも現れています。あるいは、風俗やキャバクラに勤めていた人たちが、職場もなくなり、出会い系やマッチングサイトで出会おうと思っても、男性利用者が減った。しかも、この状況下で出会い系をやる男性は、お金の面でもコミュニケーションの面でも質が悪くて、管理してきたり、独占欲がすごく強かったりするという話を聞きました。そうしたことが、援助交際やパパ活、あるいは風俗やキャバクラで働くことでなんとかバランスを保っていた人たちを追い詰めているということもあるんじゃないかと思います。

松本　お二人の話は、私が診察室という限られた空間の中で垣間見たものとすごく一致しています。コロナ禍の中で、薬物依存症の専門外来に来る一〇代の市販薬乱用の女の子たちが激増しているんです。だいたいそういう子はリストカットや自殺企図、摂食障害を抱えています。ステイホームと言われてみんな家にいるんだけど、親はテレワークしていたり、なかなか外出できずにイライラしている。そこで子どもたちはどうなるかというと、ハウスはあるけれどもホームはないというのかな。「ステイハウス」はできるけれども、家の中が心地よい居場所として感じられるホームであるとは限らないんですよね。そういう家が嫌で、早過ぎる自立を頑張る子たちもいますけど、首都圏で女の子が一人暮らしをしようとすると、やはり風俗とか接待を伴う飲食店で働くことになりやすい。あるいは援助交際やパパ活、いわゆる「夜の街」ですね。そこが「夜の街クラスター」としてスティグマタイズされることによって、収入が途絶えて経済的にも行き詰まる。ホームのない子たちが、不安定収入の中でかろうじて生きていたということが、コロナ禍で一気に浮き彫りになったように感じています。

女子中高生の自殺は緊急事態

松本　では、こういう状況を改善するために、そもそもどんな自殺対策が必要だったのでしょうか。従来の自殺対策の主な対象だった男性の場合は、家の外の人間関係、「金とメンツ」がつぶされることによって死を考えるわけですが、女性はどちらかというと、家の中や近しい人との関係性の中で深く傷ついて、死に赴いていってしまう。こういうことへの対策が、もしかするとこれまで不十分だったんじゃないかという気もしています。

高橋　まず、もともと若者は中高年より自殺が少なく、女性は男性より自殺が少ないですよね。若者の自殺はそもそも数百人台で推移しているので、ローリスクだと思って、国の対策としては油断していたと思うんです。

コロナ禍の中で、二〇二〇年八月の自殺者数が前年の一・二倍、とくに女性は一・四倍という報道が最初にありました。「女性の一・四倍ってどういうこと?」と思って、厚生労働省の自殺の統計を見てみたら、女子中学生が前年の四倍、女子高校生が七倍というとんでもない数字になっていたんです。このことを厚生労働省が報道に出さなかった意図はわかりませんが、この事実さえ学校の先生は知らされていない。もちろん、この数字で子どもたちを自殺に煽るようなことはしたくないですが、少なくとも現場の先生方は、今こういう緊急事態になっているということを意識しなければならないのに、その情報すら行っていないというのは大きな問題だと思います。

「コロナ禍で増えた」と言われるんですが、その増えたのがどういう人たちなのかという分析がないから、どう対策すればいいかがまったく見えないんですよ。せめて、この年代のこういう人たちが亡くなっている、たとえば高校三年生が危ないとか、そういうことがわからないと対策も練れないんですよね。厚生労働大臣指定法人のいのち支える自殺対策推進センターは、「コロナ禍における自殺の動向に関する分析(緊急レポート)」で、芸能人の自殺が相次いだから若者の自殺が増えたとしていますが、大学生と高校生に関しては一一月に増えています。おそらく進路や就職の不安からきているのかなと考察しますが、とにかく前年よりかなり速いスピードで増えています。緊急事態だという認識をもって分析する必要があると思います。若者の自殺増加の原因を芸能人の自殺とする分析は、ウェルテル効果（自殺報道に引き続く自殺への影響）が生じる恐れはわかっていたのだからなぜ効果的な予防ができなかったのかと批判したいですし、国によるものとは思えない分析の甘さ、これが今のわが国の自殺対策の実力で、若者の自殺が増え続けている所以を垣間見た気がしました。厚生労働大臣指定法人の見直しも含めて、国は本気で対策を考え直すべきだと個人的には思っています。

二次予防については、そもそも日本の相談窓口というのは「いのちの電話」「チャイルドライン」「よりそいホットライン」などがベースなんですが、全部ボランティアなんです。だから質の担保がないし、いのちの電話も普段からパンク状態だったところにコロナがやってきて、対応が間に合わない。ボランティアの善意の搾取で成り立っている日本の相談システムの脆弱さをすごく感じています。厚生労働大臣指定法人の代表に意見をしたところ、「改革には時間がかかる、急には無理」と反論されましたが、昭和の時代からやっていることを変えられない現状を政治家も含め真剣に考える必要があると思います。令和の時代ならではの形で、生きづらさを抱える人の「死にたい」にしっかり向き合い、自殺を確実に減らす対策を早急に練ってほしいと切に願います。

インターネットと子どもの自殺

松本　渋井さんは、自殺対策の課題について、いかがでしょうか？

渋井　僕が思うのは、まずは、すでに亡くなってしまった人たちの死から学ぶことが必要だということです。文部科学省は毎年「児童生徒の問題行動・不登校等生徒指導上の諸課題に関する調査」を行っています。その中で自殺も調査していますが、理由の約六割が「不明」です。警察庁の統計でも「不詳」、つまりよくわからないというのが多い。そのように、子どもたちの自殺の理由を知ろうとしてこなかった現実があるので、文部科学省も警察庁も厚生労働省も、亡くなった人たちに学ぶことから始めなければいけないと思います。

もう一つ、二〇一七年に、Twitterで「死にたい」「寂しい」「疲れた」とつぶやいていた人をターゲットにした神奈川県座間市男女九人殺害事件が起きて、厚生労働省がSNS相談を始めました。このSNS相談について、件数は把握されているんですが、内容の評価・検証はまったくされていません。相談にアクセスしたことによって何が変わったのかということをきちんと検証していく必要があると思います。たとえば、一日に一〇〇〇件くらい相談が来ても、フォローできるのは一〇〇件もない。ほとんどはアクセスしたのに話を聴いてもらえないという現実もあるんですよ。このあいだも、僕のところに相談に来た女の子が、SNS相談が全然つながらなくて、それで結局オーバードーズしてしまったと言うんです。本末転倒になってしまっている。

それと、SNS相談のやり方は各NPOにお任せということになっているので、相談を受け付けている時間帯がほぼ同じようなところに集中するんです。一番死にたくなる深夜帯にどこもやっていない。厚生労働省の主導で、シフト制とかにして、深夜帯にも振り分けられるようにすればいいと思うのですが。

だから新しい取り組みというより、今ある資源をどう活用するかを考えただけでも、相当やることは多いかなと思います。

松本　なるほど。インターネットと子どもの自殺の関係も、大事なところですよね。

渋井　「死にたい」とか「消えたい」とか「自殺募集」とか、そういったツイートは座間事件以降もたくさんあるわけですが、〝有害情報〟としてすぐに消されちゃったりするんですよね。そういうつぶやきを削除されてしまった子どもたちは、相当ショックなんですよ。叫ぶ場が減っていること の影響は大きいと思うんです。余計に生きづらくなります。

髙橋　厚生労働省のツールが子どもたちについていっていないですよね。TwitterやLINE、Instagramとかいろんなものが出てきているのに、いまだにYahooを使っていたり。子どもたちのスピードについていけていない感じがしますね。

松本　私のような精神科医も含め、支援する側の大人が、今の子どもたちが使っているコミュニケーションツールについて熟知するのは本当に大事なことだと思いますね。

自殺対策と学校・自治体の現状

松本　お二人の話で共通しているところは、一つは実態把握が進んでいない、遅すぎるということですね。もう一つは、支援体制の不備というか、何か大きな事件が起きてマスメディアがワーッと騒ぐと、政治家も霞が関をガンガンつついて、何か生煮えみたいな対策がポンと出てくる。SNS相談もそうですよね。それで結局、髙橋さんが言った「善意の搾取」という形のボランティアになってしまう。その場しのぎの対策が多くて、長い時間軸で積み重ねていくという形にはなっていないように思うんです。

渋井　たとえば学校で子どもが自殺しても、その原因について真摯に調査をしようという動きはなかなか始まらないですよね。情報を隠したり、外部に漏れないようにということになってしまう。学校や教育委員会が、法的責任を問われるということばかり意識しているんですよね。そのせいでなかなかきちんとした情報が出てこない。

二〇一三年にいじめ防止対策推進法ができました。評価できる面もあります。ただ、以前は調査委員会がもう少し自由に動けたところもあります。今は決まった形で、たとえば生徒に何回話を聴くとか、どこで聴くとか、そういうフォーマルな形での調査がベースになっている。法律ができたことで自由な調査ができなくなった面が、いじめ問題にはあるかなと思います。

一方で、たとえば教師の暴力を伴わない加害行為については何のルールもない。調査をどう進めていくかということに関して、法律にないからそこは触れないことになっている。

法律ができたことによって杓子定規になった部分と、法律がないことによって伏せていく部分があって、現場が法律をうまく運用できない状況があるように思います。

松本　そうですね。学校現場については、髙橋さんはあちこちの学校で講演をしているから、先生たちとじかに話をする機会もあると思います。学校教員のメンタル休職は年々増えているし、現場の負担が増えているということはあると思うのですが、現場の状況などについていかがですか？

髙橋　リストカットや市販薬などの薬物依存の子たちは、増えているみたいです。ただ、学校での依存症予防教育は、たとえば、シンナーをやった生徒が何回も補導されて、結局ろくでもない大人になったというような、そういうメッセージを伝える内容になっている状況が今でもあるようです。依存症は自殺ともリンクするところですが、まだ学校現場の知識が十分でないということはあると思います。シンナーより今は市販薬の大量服薬などの啓発が優先だと思うのです。ただ、自殺予防教育は文部科学省も厚生労働省も学校に丸投げで、丁寧なサポートをしていないから、現場はすごく重荷になっています。

自治体のほうでも、自殺対策基本法の改正で、各市町村が自殺対策を策定しなければならなくなりました。それもいきなり出されて現場は大混乱だったんですが、実際には、今までの道徳の時間を自殺予防教育に置き換えるだけという学校もずいぶんあるんです。置き換えというのは従来と変わらないということだから、意味がない。私も策定について、いろいろな市町村をサポートしましたが、かなりのところがいまだにできていません。松本先生、市町村に送られてくる地域自殺実態プロファイルって、見たことありますか？

松本　いや、ないです。

高橋　たとえばその町で年間一〇人自殺があったとするじゃないですか。そのうち二人が六〇代男性だったとすると、この町の自殺の特徴はこれこれです、たとえば「失業と離婚とお酒が原因です」という、その市町村の自殺の実態とまったく合致しないことが書いてあるんです。「参考までに」と添え書きはあるのですが、そう言われても国からきたものを無下にはできず、現場はかなり振り回されています。国が現場のことを全然想像しないで、自殺対策計画もSOSの出し方教育も丸投げをしているので、学校現場も市町村も私が知る限り大混乱しているんです。現場が混乱すると職員の自殺率も上がりますし、本末転倒。国の指定機関は市町村の指導という任務をしっかりと果たしてほしいと思います。

自殺対策で大切なこと
――多様性、SOSの受け止め方

高橋　それから、自殺対策に最近、多様性が少なくなっているのが気になるのです。以前はライフリンクと自殺予防総合対策センターの民官の二本立てでやっていたのが、今はセンターが改編されていのち支える自殺対策推進センターになり、その代表をライフリンクの代表が兼任しています。そのせいもあってか、自殺対策が単純化しているように感じます。かつては「ソーシャルモデルとメディカルモデルの両輪」と言っていたのですが。自殺には多様な原因があって、多様な人たちが自殺に追い込まれているわけですから、自殺対策には多様性がとても大事だと思うんです。

松本　多様性がなくなったというのは本当にそのとおりだと思いますね。いろんな人が自分の得意なところで「こうしたほうがいい、ああしたほうがいい」と言っていた時代はよかったなと。今は何か声が統一されていて、実感の伴わないものが上から降ってきて「やれ」と言われる仕組みになってしまっている気がするんですが、渋井さんにはどう見えますか？

渋井　厚生労働省中心になりすぎているかなという気はしますね。内閣府が省庁横断的にやってきていたのが、また厚生労働省に戻ったことで、他の省庁の関心が薄れた面があるかもしれません。

文部科学省は自殺のことは児童生徒課がやっていたんですが、それだとうまく機能しないと思ったのか、最近はいじめと自殺に関する任期付職員（いじめ・自殺対策専門官）を雇っているんですよ。ただし、問題になる現場対応の量のわりには人数が少なく年限が短いので、十分に機能できない部分も多い。もう少しうまく活用できる政策があれば、子どもの自殺に目を向けるようなことが、厚生労働省と組んで何かできるんじゃないかと思います。政策もそうだし、人材の多様性も必要ですね。

松本　私は内閣府時代に仕事をしていたのですが、内閣府はたしかに省庁横断的にできるというメリットがありますが、自分たちの実働部隊をもってないというか、ただの司令塔なんですね。内閣府の予算を他の省庁に振り分けることもできなくて、結局「ＧＫＢ47」みたいなポスターを作ったり、そういう啓発でお金を使うしかなくて。いろんな省庁にお願いしても動いてくれないというもどかしさがあって、たぶんそこを改善するために、実働部隊のある厚生労働省の管轄にしたんだろうと思ったんですが、渋井さんのおっしゃるような弊害が生じているというのは、難しい問題だなと思いました。

実は私は、二〇一九年度から文部科学省の「児童生徒の自殺予防に関する調査研究協力者会議」の委員をやっているんです。そこで最近問題になっているのは、「ＳＯＳの出し方教育」というのが上からボンと降ってきて、委員はみんなそれに反対なんです。なぜかというと、問題はＳＯＳをどう受け止めるかということで、その具体論をやらなければいけないんじゃないか。子どもがせっかくＳＯＳを出したけど、そこで大人から説教されたりしたら、二度とＳＯＳを出そうと思わないじゃないですか。だからむしろそこを丁寧にやっていきましょう、と委員は言うんだけど、政府は「いや、やらなきゃだめだ、文部科学省はちっとも進んでいないじゃないか」と。それで文部科学省の事務局が板挟みになって、身動きがとれなくなっているんです。それもあって、現場を知っているお二人の焦りに見合わない状況になっているのかもしれません。

髙橋　コロナ対応もあって文部科学省が自殺対策まではなかなか手が回らないのはわからなくはないんだけど、でもこの自殺者数は本当に緊急事態だと思います。子どもがせっかくＳＯＳを出したのに適当にあしらわれて、絶望感を抱いて、それが自殺につながるというケースもあるから、受け止め方を先にやらないといけないというのは、私もずっと言っていることです。

松本　受け止める側、支援する側の質や量を高めていくためには、どうすればいいんでしょうね。

髙橋　私はＳＯＳの受け止め方の研修を教員や保護者さん向けにやっているんですが、学校はすごい数があるから、地道に続けていくしかないとは思っています。一方で、研修をやった時に、一定数の先生は、「子どもはコントロールして、叱り飛ばして、指導してなんぼだ、それが教育だ」という考え方をもっていることを感じます。そういう現状を見ると、教師の生徒に対する接し方は、教員養成の段階からやっていかなければいけないんだろうなと。これもすぐにできることじゃないから、徐々にやっていくしかないんですが。

ただ、先生方も参っているんですよ。子どもの話を聴いて参ってしまっている先生が結構います。だから先生自身のストレスコーピングだとかストレスマネジメントが必要だと思います。一生懸命な先生ほど、「救えなかった」という思いでつぶれていってしまう。「できてない」って責め立てるんじゃなくて、支える側を支えるシステムが必要だと思っています。

松本　サポーターズサポーターですね。今後の自殺対策についていかがでしょうか？　渋井さんは、

渋井　たとえば、いじめ対策推進法改正に向けた議論の中で、いじめ担当教員を置くという案が出たんですが、結局、自治体にはお金がないという理由で実現しなかったんです。それに、そういったセンシティブな問題を学校に持ち込むのは、校長会が反対するんですね。やっぱり現状の学校のムードを変えたくないんですよ。

だとすれば、学校はもう自殺対策を手放して、子どもの自殺対策を行う専門の機関を作るという方法もあるんじゃないかと思うんですね。ヨーロッパでは子ども省のようなものを置いている国もあります。そういうところ主導で自殺対策をやるから学校は自殺対策を手放していい、文部科学省や厚生労働省もやりません、子ども省がやります、としてしまえばいい。そうすると、学校の負担が

減るし、専門的なケアもできるという形になるんじゃないかと思ったりもします。

松本　学校とは別に、官庁のようなところが地域ベースでいろんなものを作っていくということですね。

医師・看護師教育の課題

松本　自殺対策基本法ができて二〇二一年で一五年になります。一五年もあれば、医療者や教員の教育課程の中で、メンタルヘルスの問題とか、「死にたい」という訴えへの対応法をしっかり取り込むことができた気がしますが、あまりできてないんですよね。私自身、医学部での教育でも臨床研修医の時も、精神科医の専門的な研修の中でさえ、自殺のリスクアセスメントに関して系統的に教わった記憶はありません。おそらく多くの支援者がそうだと思うんです。その中でたとえば髙橋さんは、看護の教員として何か心がけたことってありますか？

髙橋　私がまずやったのは、看護学部一年生の必須科目で、自分自身の抱えているトラウマや生きづらさに向き合う授業を設けることでした。セルフケアやストレスコーピングを自分自身ができるようになった時に、初めて支援者として一人立ちできるんじゃないかと思ったんです。

精神看護の教育でも、うつ病とか統合失調症の看護の前に、人の生きづらさに対する看護についての話をしました。つまり病気と関係なく、もともと生活の中で何か生きづらさがあって、お酒に頼らなければならなかったりする。実習でも、患者さんの病気を看るんじゃなくて、その人の生きづらさを理解していくということを気をつけてやりました。

松本　なるほど。渋井さんは夜の街をさまよっている子たちを取材したり支援したりする中で、その子たちの言葉から、支援者にはもっとこういうことを教育すべきなんじゃないかといったことが見えてくることも多々あったんじゃないかと思うんです。何か感ずるところがあればお話しいただけますか？

渋井　僕が取材しているパパ活や援助交際をしている子、あるいはキャバクラや風俗で働いている人たちで、自殺願望のある人の九割方は通院歴があります。そういう人たちは、支援者の側が、「患者ってこういう考え方をするよね」という偏見をもっていることを見抜いているんですよ。だから診察室では患者らしくなって、診察室から離れると普段の自分になる。ただ薬をもらいにいっているだけというケースが多いように思います。稀に、医者が話を聴いてくれて、ようやく性的被害の話ができた、という人もいますが、だいたいそういう場合は、自分自身の悩みを話す前に、家族や友だち、彼氏の問題について話してから、その後で自分の問題を話せたという人が多いという印象ですね。いきなり自分のことを話すのはハードルが高いみたいです。

お医者さんからすれば、「あなたは困ってるんでしょう？　それを話してください」というのがオーソドックスな話の聴き方だと思うんですけども、実はそれが遠ざけているんじゃないかと思いますね。

松本　医療という限られた場だと、つい医者はずばり困った問題を聴こうとするし、患者さんもそれを話してくれるだろうと思ってしまう。他の人の話だったらよそに行ってくれ、というふうになりかねないですよね。難しい問題だけれども、少なくともそのことを医療者は知っている必要があると思いますね。

髙橋　看護師にしても、患者さんについ指導してしまいがちですよね。「あ、お酒飲んじゃいました」って患者さんが言うと、「また飲んじゃったの？」

「薬も飲んでないの？　だめですよ」と指導してしまう。そうすると、患者さんが死にたい気持ちとか、性の問題とか、そういうものを安心して話せる相手になっていかない。本当は、看護師が患者さんにとって対等で、安心・安全な存在でないといけないいんですが。

コロナによる気づき

松本　もう一度コロナの話に戻ると、患者さんも支援者も、いろんなことを我慢しなければいけない中で苦しい思いをしているわけですが、いくつか気づくこともあって。たとえば、人が生きていくためには、家族以外との3密や、不要不急の外出が大切であること。あるいは、いわゆる夜の街のような場所は、生きづらい人たちの受け皿になっていいたんだなということを感じたんです。だから私たちは、自分の常識とか、これまでもってきた価値観みたいなものを解き放って、フラットに物事を見るようにしないと、世の中がどんどんギスギスしていくような気がしています。そういった意味で、お二人がコロナ禍の中で見えてきた、人が生きるうえで、あるいは自殺しないために必要なものって、何かおありでしょうか？

渋井　正しく生きようとしすぎないことです。生きるためには、ストレス解消のために、さまざまなバランスを保つための「遊び」が必要だと思います。感染症対策として人との距離を保つことが正しくても、それ自体がストレスを生みます。

もう一つは、コロナで医療崩壊目前だとかいうより、もう崩壊してしまったということを認めて、楽になったほうがいいんじゃないかと（笑）。そう思っていたら、二〇二一年一月六日の定例会見で、日本医師会の中川俊男会長が「現実はすでに医療崩壊だ」と認めました。医療者の家族も相当ストレスを抱えているんですよね。僕の取材している人でも、両親ともに医療者で、家の中でストレスを子どもにぶつけるわけですよ。結果、その子はオーバードーズをする。医療者は我慢しないほうがいいと思います。

松本　たしかにそうかもしれませんねえ。髙橋さんはいかがでしょうか？

髙橋　何でもそうですけど、平常時から余裕をもっておくことが大事だということを感じます。相談窓口もそうだし、保健師さんも、普段ギリギリのところでやっていて、あれだけ削減しちゃったら対応できるはずもないですよね。

それから、子どもの自殺対策をしていて、子どもというのは本当に弱者だなと今回痛感しました。日本のコロナ対策は休校から始まりましたよね。子どもたちの犠牲からスタートしたんです。初めは「学校休みだ！」って喜んでいたけど、だんだん、いろんな人に会えない、部活の大会もない、留学もできない。あるいは観光業に就職したいと思っていた学生の希望がかなわないということになって、励みにしていたことができなくなったり、夢が打ち砕かれたりして、子どもたちが犠牲になっている。これを軽視してはいけないと思います。子どもの自殺者数を直視して、どれだけ子どもたちに負荷を与えているかということを、しっかり考えていかなければならない。

渋井　子どもに提供できるスペースは地域にたくさんあると思うんですよ。図書館とか児童館、学校図書館、公民館もそうだと思うんです。家族から加害行為を受ける子たちは、そういうスペースで少しでも安らぐ時間をもてるようにしないと、ずっと家にいることになってしまいます。こういう時こそ公的施設を開放できればいいと思うんですよね。

松本　現実には、公的施設から先に閉鎖されたというところがありますからね。公民館でやっていた自助グループのミーティングも開けなくなったりして。こういう時こそ公的施設を使えるようにするのは、本当に大事だと思いますね。

これからの自殺対策

松本　そろそろまとめに入りたいと思いますが、これからの自殺対策というのは、私の考えでは、もっと各論を詰めていかなければならないし、一〇年後、二〇年後を見据えた息の長い対策が必要だろうと思っています。それと今日の話でとても印象的だったのは、多様性がなくなっているということです。メディカルモデルだけでは解決しないのはわかっているし、かといってソーシャルモデルだけでも不十分で、両方が動いてミックスするのがいいのだろうと思います。最後にお二人それぞれに、これからの自殺対策はこうあってほしい、それから自分としてはこういう活動をしていく、そういったことをお話しいただければと思います。まず髙橋さん、いかがでしょうか。

髙橋　子どもたちに対する「ＳＯＳの出し方教育」を四年間やってきましたけど、国の指導力のなさもあって、全国的にはまだ軌道に乗っていません。そもそも、受け止める素地を作らずしてＳＯＳを出すことを子どもだけに要求することは無謀で、自殺対策として失策と考えます。まずは受け止め方をきちんと構築していって、そのうえで出し方のほうにも取り組んでいく、という形になればと考えています。

そして、子どもたちが安心して「死にたい」とか、性の問題とか、家庭の問題とか、そういうことが話せる社会になればいいなと思っています。そのためには、性的マイノリティのことなども含めて、社会全体が多様性を認められるようにならないといけないと思います。

日本の若者の自殺率は今、一〇万人に対して一六人くらいです。イタリアが四人くらいなんですね。だから今の子どもたちが親世代になった時に、日本の自殺率を四分の一にするという目標を私は掲げているんです。すぐには無理だと思っています。今の子どもたちが「ＳＯＳを出してもいいんだ」と思えるようになって、多様性を認められるようになって、自分が親世代になった時、子どもの自殺率が四分の一ぐらいに減るといいなと思っています。二五年後くらいの長いスパンです。

松本　ありがとうございます。渋井さん、いかがでしょうか。

渋井　長い目で見るとやはり人材育成が大事なので、教員養成課程で、自殺について教育することも必要だと思います。僕は今、中央大学で一コマ授業をもっていて、それは高校の情報科の教員免許をとる人のための授業なんですけど、半分ぐらい自殺がかかわる内容なんです。「自殺の話なんて聞きたくない」という声もありますが、終わる頃には、「自殺について学べてよかった」という反応もあったりします。授業の中で問題点を整理することで、受け入れられるところもあると思うんです。全員が教員になるわけではないでしょうけど、教員でなくても子どもにかかわる仕事に就いた時に、「そういえばそんな視点もあったよね」と思い出してもらえるような授業をやっていきたいと思います。

松本　ありがとうございます。私自身は、自殺対策基本法という法律ができたことは、日本が世界に誇っていいことだと思っているんです。その一方で、超党派の議員立法の難しさもあるなと思っているんですよ。つまり官僚が積み上げたものではなくて、政治家がワーッと法律を作って、官僚は慌てて予算を作ってつけるという、それを毎年毎年やっているから、継続性のある対策にならないのではないか。

今回のコロナ禍ではっきりしたのは、髙橋さんがおっしゃったように、普段から余裕をもっておくことって、本当に大切ですよね。保健・福祉・医療の分野は生産性があまりないということで、すぐ切られてしまいがちですけど、その弊害がここで明らかになった。

この「「死にたい」に現場で向き合う」という企画が、五年経って、今もう一度世に出るチャンスがあるというのは、五年前から時間が止まったままだということがあると思うんです。そういう意味では、この対談を多くの人、とくに自殺対策にかかわる人たちに読んでいただいて、時計の針を少しでも進めることになればと思っています。

髙橋聡美（たかはし・さとみ）

一九六八年鹿児島県生まれ。東北大学大学院医科学系研究科博士課程修了。医学博士。国立精神・神経センターなどで看護師として八年間勤務。スウェーデンで自殺対策の調査を行い、帰国後、大学教員をしつつ自殺対策活動を行う。つくば国際大学医療保健学部教授、防衛医科大学校精神看護学教授歴任後、現在フリーランスで子どもの自殺予防教育、保護者・教育委員会向けの「SOSの受け止め方講座」を行っている。

渋井哲也（しぶい・てつや）

一九六九年栃木県生まれ。東洋大学大学院文学研究科教育学専攻博士前期課程修了。教育学修士。フリーライター、中央大学文学部非常勤講師。若者の生きづらさ、自殺、自傷行為などを主なテーマとする。いじめや指導死などの教育問題、ネット・コミュニケーション、ネット犯罪、東日本大震災やそれに伴う原発事故・避難活動などの取材も重ねている。

本書は、『こころの科学』一八六号（二〇一六年三月号）
特別企画「「死にたい」に現場で向き合う」を
増補のうえ書籍化したものです。

編者　松本俊彦《まつもと・としひこ》

国立精神・神経医療研究センター精神保健研究所薬物依存研究部部長。1993年佐賀医科大学卒業。横浜市立大学医学部附属病院にて臨床研修修了後、国立横浜病院精神科、神奈川県立精神医療センター、横浜市立大学医学部附属病院精神科を経て、2004年に国立精神・神経センター（現、国立精神・神経医療研究センター）精神保健研究所司法精神医学研究部専門医療・社会復帰研究室長に就任。以後、同研究所自殺予防総合対策センター自殺実態分析室長、同副センター長を歴任し、2015年より現職。2017年より国立精神・神経医療研究センター病院薬物依存症センターセンター長を併任。

主著として、『薬物依存の理解と援助』（金剛出版）、『自傷行為の理解と援助』（日本評論社）、『アディクションとしての自傷』（星和書店）、『薬物依存とアディクション精神医学』（金剛出版）、『自傷・自殺する子どもたち』（合同出版）、『アルコールとうつ・自殺』（岩波ブックレット）、『自分を傷つけずにはいられない』（講談社）、『もしも「死にたい」と言われたら』（中外医学社）、『SMARPP-24物質使用障害治療プログラム』（共著、金剛出版）、『よくわかるSMARPP』（金剛出版）、『薬物依存臨床の焦点』（金剛出版）、『ハームリダクションとは何か』（共著、中外医学社）、『薬物依存症』（ちくま新書）、『「助けて」が言えない』（編著、日本評論社）、『アディクション・スタディーズ』（編著、日本評論社）がある。

「死《し》にたい」に現場《げんば》で向《む》き合《あ》う　自殺予防《じさつよぼう》の最前線《さいぜんせん》

2021年2月15日　第1版第1刷発行
2022年2月10日　第1版第2刷発行

編者　松本俊彦
発行所　株式会社 日本評論社
〒170-8474 東京都豊島区南大塚3-12-4
電話：03-3987-8621［販売］　03-3987-8598［編集］
印刷所　精文堂印刷
製本所　難波製本
カバー＋本文デザイン　粕谷浩義（StruColor）

ISBN978-4-535-56403-9